骨格診断®と パーソナルカラー診断 で見つける 似合う服の法則

(社)骨格診断ファッションアナリスト認定協会代表理事
パーソナルカラーアナリスト
二神弓子=監修

(社)骨格診断ファッションアナリスト認定協会検定委員会委員長
パーソナルカラーアナリスト
森本のり子=著

日本文芸社

はじめに

センス・ダイエット・資金不要！のファッション理論

わたしたち女性にとってファッションは、自分をすてきに輝かせてくれる大事な大事な存在。
でも、日々なにを着ればいいのかを考えさせられる、悩ましい存在でもありますよね。
たとえば、こんなことを思っていませんか。

「ファッション誌を真似ても、なんだかイマイチ。やっぱりセンスがないのかな」
「下半身やおなか周りが気になるから、身体のラインを隠せる服が定番。まずは痩せないとね」
「ブランド服を着れば垢抜けられるのかもしれないけど、そんなお金はないし」

わたしはこれまでイメージコンサルタントとして、全国からいらっしゃる20代から60代のさまざまなお客さまの、似合うファッションを見つけるお手伝いをしてきました。その中で、じつに多くの女性からこのようなお話をうかがいました。

しかしこれらは誤った認識です。センスがないとダメ・痩せないとダメ・お金がないとダメなのではありません。

自分という素材の特徴を生かせる、本当に似合うファッションさえ知っていれば、今すぐにでも、あなたにぴったり似合う（あなたの魅力が倍増する）着こなしができるようになるのです。

自分が輝くファッションを知るためには、身体の質感、鎖骨や肩甲骨の見え方、筋肉や脂肪のつき方、首の長さや太さ、手足の形や大きさ、肌や頬、瞳の色味などの「自分という素材」の特徴をつかむこと。

すると、そこから**自分に似合う「色」と「シルエット」を導き出すこと**ができます。

つまり本書で紹介するのは、センス　ダイエット・資金不要！　のファッション理論なのです。

本書では「パーソナルカラー診断」と「骨格診断」という2つの診断手法をとり入れることで、自分に似合う「色」と「シルエット」を手軽に調べられるようにしました。この2つは生涯変わることがありませんので、一生役立つ知識です。

さらに診断結果をもとに、似合うファッションを12タイプに分類し、各タイプにおすすめのコーディネートをわかりやすく解説しました。

似合うファッションを上手に着こなせるようになると、あなたの魅力は今よりもっと際立ち、人目を惹きつける存在感が出てくることでしょう。誰にだってオリジナルな個性があり、その人ならではの魅力が必ずあるからです。

あなたの個性を輝かせ、自分らしく心豊かに生きてほしい。そんな願いを込めて書いた一冊です。

あなたの人生が今よりもっともっと輝きに満ちたものになりますように！

２０１５年３月

著者　森本のり子

Contents

Chapter 3
わたしが輝く「自分シルエット」をつかむ

Chapter 4

「自分色」×「自分シルエット」でつくるコーディネート

Chapter 5

もっと知りたい！「自分シルエット」の応用編

Chapter 6

さらにわたしに似合うファッションの選び方

Column

ブックデザイン　木村ミユキ
イラスト　さとうあゆみ

Chapter 1

自分だけの「似合う服の法則」を見つける

垢抜けない原因は、「色」と「シルエット」に！

「すてき！」と一目惚れした服。さっそく鏡の前で着てみたけれど、なぜか太って見えたり垢抜けなかったりと、期待とはかけ離れた姿にがっかりした経験はありませんか。

そんなとき、「スタイルがよくないから」「センスがないから」などと諦めモードになってはダメ。なぜならそれは、その服の「色」もしくは「シルエット」が、あなたに似合わないものだっただけ、だからです。

あなたの魅力を半減させる「犯人」

自分に似合わない「色」の服では、顔色がわるく見え、老けた印象になったり、顔がのっぺりと平面的に見えたりしがち。また、似合わない「シルエット」の服では、着太りして見えたり、スタイルがわるく見えたり、野暮ったい印象に見えたりしがちです。

似合わない「色」と「シルエット」のファッションは、あなたの魅力を半減させる犯人なのです。逆にいえば、自分に似合う「色」と「シルエット」がわかれば、ダイエットをしなくてもセンスがなくても、すてきな着こなしができるということです。

似合う「色」の効果

＊美肌に見える
（シミやそばかすが目立たない）

＊小顔に見える
（顔に立体感が出る）

＊目力がアップする
（瞳の印象が際立つ）

似合う「シルエット」の効果

＊着痩せして見える
（スッキリとした印象になる）

＊スタイルがよく見える
（腕や脚が長く、バランスがいい）

＊垢抜けた印象になる
（流行に関係なく、オシャレに）

「可愛い」が「痛々しい」に？
〝モテ服信仰〟のワナ

「男性にモテる服」というと、どんなファッションをイメージしますか？

パステルカラーのふりふりとしたワンピースに、華奢で揺れるアクセサリー。髪の毛はふんわりと巻いてお嬢様っぽいスタイルに……とこんなイメージでしょうか。

じつは、わたしのファッションコンサルティングにいらっしゃるお客さまには、婚活中の女性も多いのですが、このようなモテ服を推奨する結婚相談所も少なくないようです。

「可愛い服」は十人十色！

たしかに、ふりふりのワンピースなどのファッションは、フェミニンな女性らしさを引き立ててくれますが、それは似合う人に限ってのこと。似合わない人がこれをやってしまうと、痛々しい「若づくり」に見えたり、「着太り」をして野暮ったい印象になりがち。

じつは、もって生まれた「自分という素材」によって、ふりふりのワンピースが似合う人・似合わない人に分かれるのです。

「可愛い服が着たいのに、わたしには似合わないかもしれないってこと？」

とドキドキしてしまったあなた、安心してください。「どんなファッションが可愛いか」「どんなファッションがモテ服になるか」は人によって違います。

たとえあなたがふりふりのワンピースが似合うタイプではなくても、自分の素材が生きる「可愛い服」を見つければいいだけなのです。

ここで、あなたが輝く服を見つけるために知っておきたい「自分という素材」について、紹介しておきましょう。

素材とは、「身体の表面色（肌・髪・瞳などの色）」「骨格」「筋肉と脂肪のつき方」を指します。

○

似合う例

メリハリボディの人は、
ハリのある素材をつかった
ベーシックなファッションが
お似合い。

×

似合わない例

メリハリボディの人は、
身体自体に存在感があるため、
やわらかな素材をつかった
華やかなファッションは
野暮ったく見えがち。

「自分という素材」を知ることから

たとえば、明るい茶色の瞳、色白で乳白色の肌色の人が、淡いピンク色の服を選ぶとします。青色を含んだパールピンクの服では顔が青白く見えてしまいますが、黄色を含んだシェルピンクの服なら、肌がきれいに見えてとてもよく似合います。このように同じ淡いピンクでも、似合う色は人によって違います。

また、グラマラスなメリハリボディの人が、ふんわり素材のふりふりとしたワンピースを着るとします。すると、「存在感のある身体」に対して、「華やかな装飾」や「やわらかな素材」は不釣り合いなため、「野暮ったい」「痛々しい」といった印象を与えかねません。

反対に、ハリのある上質な素材をつかったベーシックなファッションが似合うとすれば、それがその人にとって「可愛い印象を与える服」。つまりは「モテ服」ということになります。

婚活向けなら、色やアクセサリーを工夫して、上品な女性らしさを演出することもできます。

このように、自分に似合う「色」と「シルエット（素材の質感と形）」さえ押さえておけば、世間のモテ服信仰に振り回されることなく、「自分の魅力を生かす」「なりたいイメージを演出する」という2つを両立できます。

「パーソナルカラー診断」「骨格診断」ってなに？

本書ではあなたに似合う「色」と「シルエット」を調べるのに、パーソナルカラー診断と骨格診断という2つの理論を用いています。パーソナルカラー診断では似合う「色」を、骨格診断では似合う「シルエット」を導き出すことができます。

パーソナルカラー診断でわかること

パーソナルカラー診断とは、身体の表面色（肌、髪の毛、眉毛、瞳、頬、唇の色など）と調和する「似合う色」を導き出すものです。似合う色の効果については11ページで紹介していますが、ここではもう少し掘り下げて考えてみましょう。

「調和する色」とはどういう状態をつくる色のことでしょうか。ひとことでいうと〝違和感がない〟色のことです。

人の第一印象はほんの数秒で決まるといわれていますが、このときに大切なのは、相手に違和感を与えないことなのです。なぜなら違和感を覚えたその瞬間に、人は相手に対してネガティブな印象を抱くことになってしまうから。

似合わない色を身につけていると、色彩の調和がとれていないことになり、相手に違和感を与えてしまうことになります。

逆に似合う色を身につけていれば、見る人に安定感や安心感を与えることができます。これがポジティブな第一印象へとつながっていくわけですね。

このパーソナルカラー診断の結果は、「スプリング」「サマー」「オータム」「ウインター」の４つに分かれます。パーソナルカラーはＣｈａｐｔｅｒ２でセルフ診断できます。

骨格診断でわかること

骨格診断とは、生まれもった身体の「質感」と「ライン」の特徴を生かし、自分の体型をもっとも美しく見せるファッションアイテムの〝素材の質感〟と〝形〟を導き出すものです。

この骨格診断の結果は、「ストレート」「ウェーブ」「ナチュラル」の３つに分かれます。

ちなみに本書では〝素材の質感〟と〝形〟を合わせて「シルエット」と呼んでいます。

似合う「シルエット」の効果については11ページで紹介していますが、ここでは骨格診断の理論のベースとなっている、身体の「質感」と「ライン」の特徴を生かすとはどういうことか、もう少し詳しく紹介します。

パーソナルカラー診断とは

＊肌・髪の毛・眉毛・瞳・頬・唇の色などと調和する**「似合う色」がわかる**

＊「似合う色」は見る人に安心感を与え、好感につながる

＊診断結果は次の４つ
・スプリング
・サマー
・オータム
・ウインター

＊詳しくはChapter2で紹介

骨格診断とは

＊身体の質感・ラインと調和する**「似合うシルエット」がわかる**

＊「シルエット」は〝素材の質感〟と〝形〟の２つの要素で決まる

＊診断結果は次の３つ
・ストレート
・ウェーブ
・ナチュラル

＊詳しくはChapter3で紹介

身体の「質感」の特徴

身体の質感には人それぞれ、次の特徴があります。

・ハリと弾力のある質感（筋肉を感じさせる質感）
・華奢でやわらかな質感（皮下脂肪を感じさせる質感）
・肉感的なものを感じさせない素朴な質感（筋肉も皮下脂肪も目立たない質感）

ファッションアイテムの〝素材の質感〟をこの身体の質感に合わせることで、調和がとれ、垢抜けた印象をつくることができます。

身体の「ライン」の特徴

身体のラインの特徴とは、首の長さ、胸元の厚さ、二の腕の形、バストトップ位置の高さ、ウエストラインの長さなどに見られる特徴のことです。これらは生まれもった、「骨格の形状」や「筋肉や脂肪のつき方の癖」によって決まります。

このラインの特徴を生かせる〝素材の質感〟と〝形〟のファッションアイテムを着ることで、ボディラインを美しく、スタイルアップして見せることができます。

Chapter 2

わたしにぴったりの「自分色」をつかむ

あなたはどのタイプ？ パーソナルカラータイプをセルフ診断

パーソナルカラー診断は、「スプリング」「サマー」「オータム」「ウインター」の４つのタイプに分類します。具体的な特徴は後述しますが、まずはざっくりと４つのタイプについて解説しましょう。

４つのカラータイプ

４つの色はその特徴から、イエローベース（黄色を含んだ暖かみのある色）の「スプリング」と「オータム」、ブルーベース（青色を含んだ涼しげな色）の「サマー」と「ウインター」の２つに分けられます（左表）。

さらにその中で、次のように分けて考えることができます。

・イエローベースの中でも鮮やかな色で構成されるのが「スプリング」
・イエローベースの中でもくすみのある色で構成されるのが「オータム」
・ブルーベースの中でもくすみのある色で構成されるのが「サマー」
・ブルーベースの中でも鮮やかな色で構成されるのが「ウインター」

このようにお伝えすると、パーソナルカラー診断はなんだか難しい理論のようですが、そんなことはありません。各タイプの世界観をイメージでとらえると、わかりやすく、と

ベースの色の違いで、2つに分かれる

	イエローベース	ブルーベース
鮮やかな色	スプリング	ウインター
くすみのある色	オータム	サマー

ても楽しいものです。

・スプリング→春の花壇に咲くカラフルな花の色や新緑のイメージ
・オータム　→もみじやイチョウなどの紅葉やモスグリーンのイメージ
・サマー　　→梅雨に咲く紫陽花の花の色など、初夏のイメージ
・ウインター→雪の結晶の白や、クリスマスカラーのイメージ

４つのカラータイプごとに、似合う服の色だけでなく、似合うヘアメイクやネイルの色も異なります。

自分の肌や瞳の色に馴染むカラーを選べば、顔をより美しく、またオシャレで垢抜けた印象に見せることができます。

これらは30ページから紹介しますので、ぜひ参考にしてください。

セルフ診断のステップ

つづいて、あなたのパーソナルカラータイプをセルフ診断し、「自分色」を見つけましょう。

セルフ診断を行なうのは自然光の入る、明るい室内が最適です。そしてメイクは落としてすっぴんで行なってください。

本書で紹介するセルフ診断では、26ページからのA・B・C・Dの4つを使用します。

〈自分色を見つけるステップ〉

① AとBのページを鏡の前で顔の近くに当ててみてください。顔映りがよいのは、どちらのページですか？（わかりにくい場合には、各ページに手をのせ、どちらのほうが肌が美しく見えるかチェック）

② 次にCとDのページを、①と同じように顔の近くに当ててみてください。顔映りがよいのは、どちらのページですか？

③ 前述の①②で選んだページを交互に、顔の近くに当ててみてください。顔映りがよく、きれいに見えるのはどちらですか？

④ 右の③で選んだページのカラーが、あなたのパーソナルカラータイプです。各診断結果の特徴は30ページから解説します。

Aがいちばん似合う　→30ページ
Bがいちばん似合う　→32ページ
Cがいちばん似合う　→34ページ
Dがいちばん似合う　→36ページ

顔映りがいい、ってどういうこと？

＊肌が若々しく健康的になる

＊顔がリフトアップする

＊顔に立体感が出て小顔になる

＊顎のラインがシャープになる

＊目力がアップする

＊ニキビ・皺・くすみ・シミ・そばかすなどが目立たなくなる

＊クマが目立たなくなる

下のⅠ・Ⅱ２つのイラストを見てください。Ⅰはスプリングタイプ、Ⅱはサマータイプの人です。
これは極端な例ですが、Ⅰの人はスプリングタイプのピンクでは顔映りがよく、サマータイプのピンクでは顔映りがわるくなります。Ⅱの人は反対です。

Ⅰ

Ⅱ

なお、26ページからのセルフ診断用カラーページ（A～D）には1ページにつき、ピンクとブルーを２色ずつ載せました。まずは面積の広いピンク色で診断しますが、わかりにくい場合には、各ページの下部につけたブルーの部分を顔や手に当て、診断してみてください。

セルフ診断では、普段着なれている色をつい「似合う」と判断してしまう傾向があります。「見慣れていること」と「似合うこと」を混同しないよう気をつけましょう。

　できれば誰かほかの人にも見てもらうようにすると、より客観的な判断ができると思います。

　ただし、女友達の意見は控えめに解釈するくらいがちょうどいいかも。多くの女性たちは、お互いに関して「褒め合い」が基本だったりしますよね。

　だからこそ耳の痛い諫言《かんげん》をしてくれる家族やパートナーがいる人は、その言葉を真摯に受け入れることも大切です。そうすれば客観的に自分の印象を把握でき、似合う色についてはもちろん、日頃のファッションについても冷静に判断することができます。

診断に迷ったら

もしも、「どちらの色がより似合うかな？」と診断に迷った場合は、ベースカラーを診断してみましょう。自分に合ったベースカラーのものを身につけていれば、わるく見えることはまずないので安心です。

　イエローベースのA（スプリング）とC（オータム）、またはブルーベースのB（サマー）とD（ウインター）のどちらのページのほうが似合うのか比較してみてください。

　その際には、次の2つのポイントに注目してください。

・イエローベースの人が、BまたはDのページを顔に当てると、肌が青白く見える
・ブルーベースの人が、AまたはCのページを顔に当てると、肌がくすんで見える

Column
Chapter 2

オシャレな人は
「とりあえず黒」とは考えない

このｃｈａｐｔｅｒでは自分に似合う色を見つける方法を紹介しますが、ここでちょっと気になる「黒」の話題を。

わたしのファッションコンサルティングを受けてくださるお客さまにもとても多いのが、ショッピングの際に「とりあえず黒」という選び方が習慣化しているケースです。

たしかに黒は魅力的な色です。

じつは黒はウインタータイプの方にしか似合わない色ですが、ほかのタイプの方でも、モードなオシャレをしたいときや、クラス感のあるプロフェッショナルな印象を演出したいときなどには、ぜひ活用したい色です。

でも、ただ無難だからと「黒」を選ぶのはＮＧ。中でも黒い靴、黒いバッグ、黒いボトムは、フォーマル度を一気に高めてしまいます。まさにリクルートスーツや喪服が象徴する、厳粛なイメージをつくりあげてしまうのです。

これを普段のファッションでやってしまうと、ずっしりと重たい印象になり、野暮ったく見えがち。規律正しい制服のような印象を与えてしまい、どうしても真面目でおカタく見えてしまいます。それだけ黒はパワフルな色なのです。

だからこそ、「とりあえず黒」と安易には選ばず、その効果を考えた上で慎重にとり入れることが大切です。

余談ですが、「人生は好んで身につける色が象徴するイメージにふさわしいものになっていく」と聞いたことがあります。黒は黒子《くろこ》や男性のタキシードが象徴するように「主役」ではなく「引き立て役」の色でもあります。そう考えると、黒ばかり着るのは考えものかも？

A.診断用カラーシート スプリングタイプ

B.診断用カラーシート　サマータイプ

C.診断用カラーシート オータムタイプ

D.診断用カラーシート ウインタータイプ

パーソナルカラー診断 結果

スプリングタイプ

スプリングタイプに似合う色は、黄色を含んだ暖かみのある色の中でも、明るく澄んだ色のグループです。ブリリアント、キュート、ポップなどのイメージをつくるのが得意です。

春の花壇に咲くカラフルな花、新緑の黄緑、ビタミンカラーなどの元気で可愛い印象の色が多いことが特徴。中にはクリーミーな優しい色もあります。

下のスプリングカラーのパレットのうち、ミルキーホワイト、ビスコッティ、キャメルが「ベーシックカラー（着こなしの土台となる色）」におすすめ。

肌は色白で乳白色、またはそばかすができやすい明るい肌色の人が多いのが特徴です。

●スプリングカラー

ピーチピンク	コーラルピンク	オーロラ	パラダイスピンク	キャンディピンク
ポピーレッド	メロン	マンゴーオレンジ	グレナデン	ハニーイエロー
バナナミルク	サンフラワー	ライムグリーン	プリマヴェーラ	パロットグリーン
エメラルドグリーン	ゴールデンイエロー	トワイライトブルー	エンジェルブルー	アクアマリン
ターコイズブルー	ブルーバード	クロッカス	スイートバイオレット	ミルキーホワイト
フェザーグレー	ビスコッティ	キャメル	アーモンド	コーヒーブラウン

補充注文カード

貴店名

年　月　日

注文数　冊

発行所：日本文芸社

著者：二神　弓子　監修　森本　のり子　著

書名：骨格診断®とパーソナルカラー診断で見つける　似合う服の法則

定価　本体1,400円＋税

ISBN978-4-537-21266-2
C2077 ¥1400E

9784537212662

201010

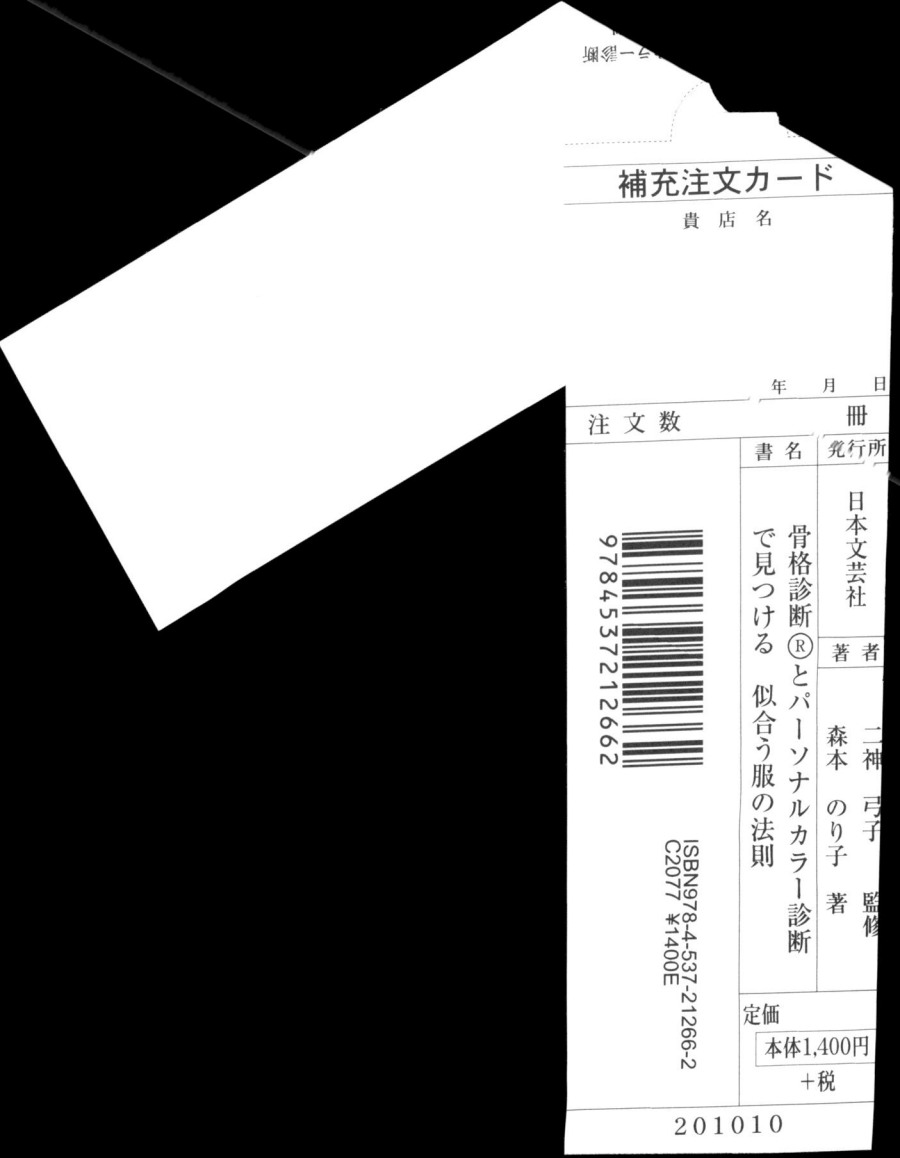

骨格診断®とパーソナルカ
で見つける　似合う服の法則

※このスリップが無い場合の返品入帳はお断りいたします。

BBBN4-537-21266-7 C2077 ¥1400E

㈱日本文芸社

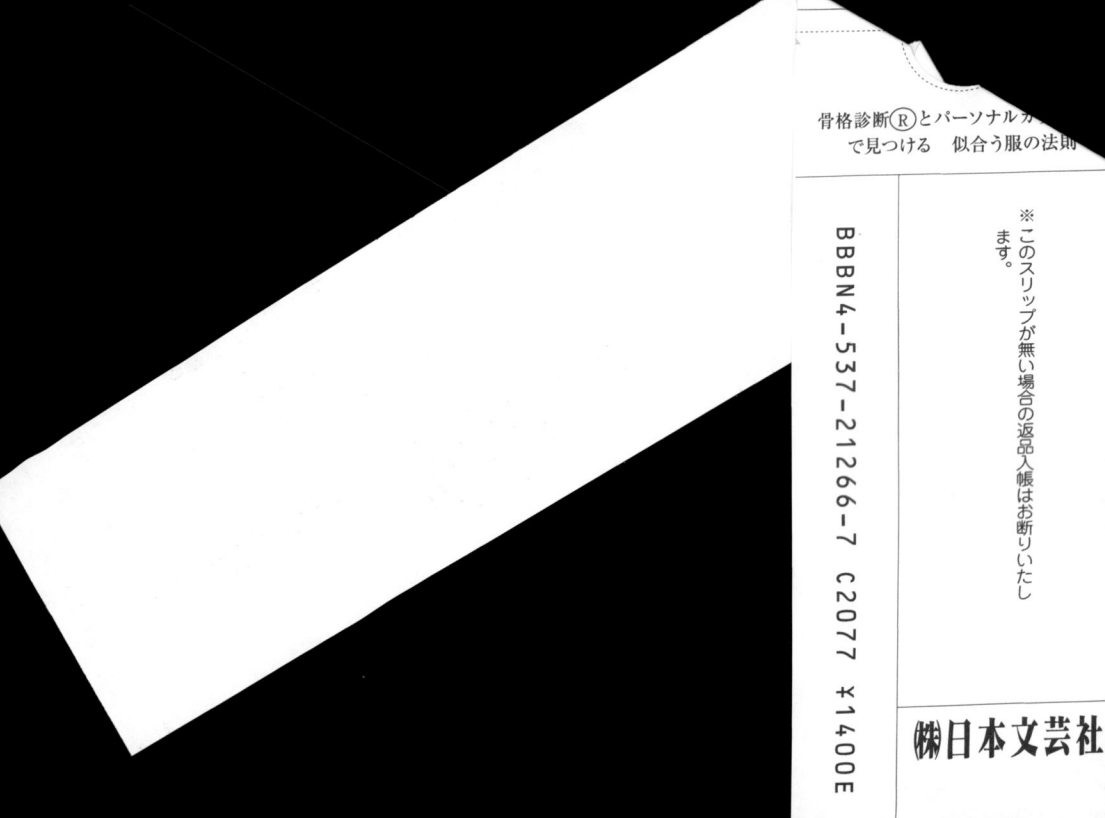

ヘアカラー
- ライトブラウン
- ブラウン

チークカラー
- オレンジ系
- ピーチピンク系
- ブラウン系

ネイルカラー
- ピーチピンク
- パラダイスピンク
- エンジェルブルー

リップカラー
- ベージュ系
- オレンジ系
- ブラウン系

＊肌　色白で乳白色、明るい肌色など

＊瞳　明るい茶色など

＊髪　明るい色の地毛の場合が多い

Spring × Straight
P82へ

Spring × Wave
P84へ

Spring × Natural
P86へ

Color & Silhouette lesson

パーソナルカラー診断 結果

サマータイプ

サマータイプに似合う色は、青色を含んだ涼しげな色に、ライトグレーが少し混じったソフトな色のグループです。上品、エレガント、清楚などのイメージをつくるのが得意。パステルカラーや、梅雨の時期に美しく咲く紫陽花の花の色など、やわらかい印象の色が多いことが特徴。

　下のサマーカラーのパレットのうち、マシュマロ、グレーミスト、ダークブルーシャドーが「ベーシックカラー（着こなしの土台となる色）」におすすめ。

　少し青白い感じの色白の肌や、黄色みが少ない肌色で頬が赤くなりやすいタイプが多いです。目の下にクマができやすい人も。

●サマーカラー

ベビーピンク	ピンクレディ	ローズピンク	ブライダルローズ	オペラピンク
オールドローズ	パウダーブルー	ラベンダーブルー	ブルーリボン	ブルーロイヤル
ラベンダーグレー	インディゴ	ストロベリー	フランボワーゼ	ルビー
ペールアクア	ペパーミントグリーン	ターコイズグリーン	シトラスイエロー	ペールライラック
ラベンダー	オーキッドスモーク	マロー	ベビーブルー	マシュマロ
グレーミスト	スカイグレー	ダークブルーシャドー	シャンパン	ココア

ヘアカラー

ナチュラルダークブラウン

ココアブラウン

チークカラー

ベビーピンク系

ローズ系

ネイルカラー

ピンクレディ

オールドローズ

パールライラック

リップカラー

ピンク系

ローズ系

ピンクベージュ系

＊肌　少し青白い印象の色白、黄色みが少ない肌色など

＊瞳　黒色など

＊髪　やわらかな黒色など

Summer × Straight
P88へ

Summer × Wave
P90へ

Summer × Natural
P92へ

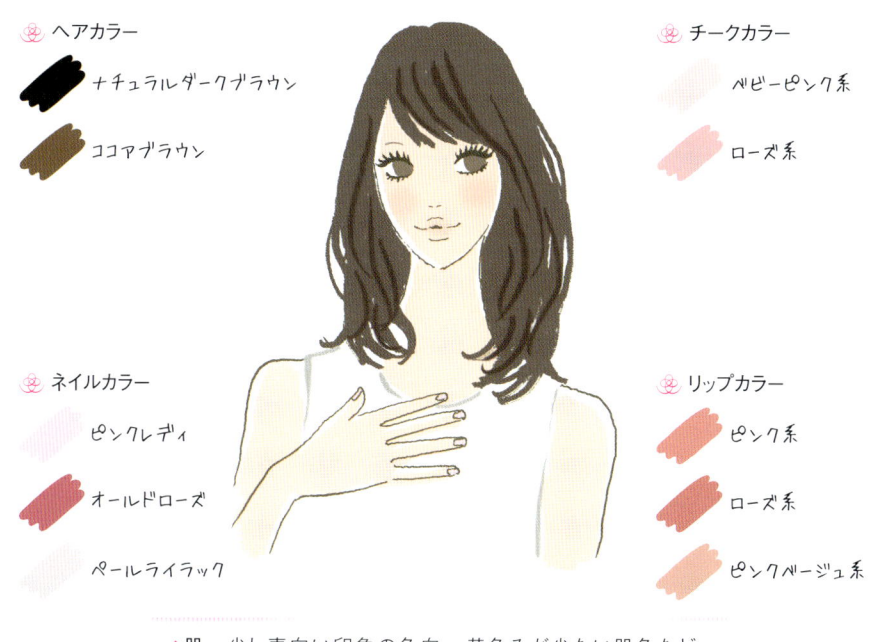

パーソナルカラー診断 結果

オータムタイプ

オータムタイプに似合う色は、黄色を含んだ暖かみのある色にダークグレーもしくは黒が少し混じった落ち着いた色のグループです。成熟した、ゴージャス、シックなどのイメージをつくるのが得意です。

もみじの深い赤やイチョウの黄金色、モスグリーンやオリーブグリーンのアースカラーなど、深みのある色が多いことが特徴。

下のオータムカラーのパレットのうち、バニラホワイト、クロワッサン、ビターチョコレートが「ベーシックカラー（着こなしの土台となる色）」におすすめ。

象牙色のような落ち着いた深みのある肌色をしており、マットな質感の肌が多いです。

●オータムカラー

シェルピンク	サーモンピンク	カーディナル	ダスティーオレンジ	カッパーレッド
アゲット	パプリカ	マスタード	サフランイエロー	パンプキン
キャラメル	ブルーブラック	ナイルブルー	ティールブルー	キャンドルブルー
バジル	グリーンティー	モスグリーン	クロワッサン	モスグレー
ミストグリーン	オリーブ	アッシュグレー	ジャングルグリーン	バニラホワイト
ブラウンシュガー	カプチーノ	カフェモカ	ビターチョコレート	プラム

ヘアカラー
- ブラウン
- ダークブラウン

チークカラー
- オレンジ系
- ピーチピンク系
- ブラウン系

ネイルカラー
- シェルピンク
- ダスティーオレンジ
- バジル

リップカラー
- ベージュ系
- オレンジ系
- ブラウン系

＊肌　落ち着いた深みのある肌色、マットな質感の肌など

＊瞳　深みのあるダークブラウンなど

＊髪　深みのあるダークブラウンなど

Autumn × Straight
P94へ

Autumn × Wave
P96へ

Autumn × Natural
P98へ

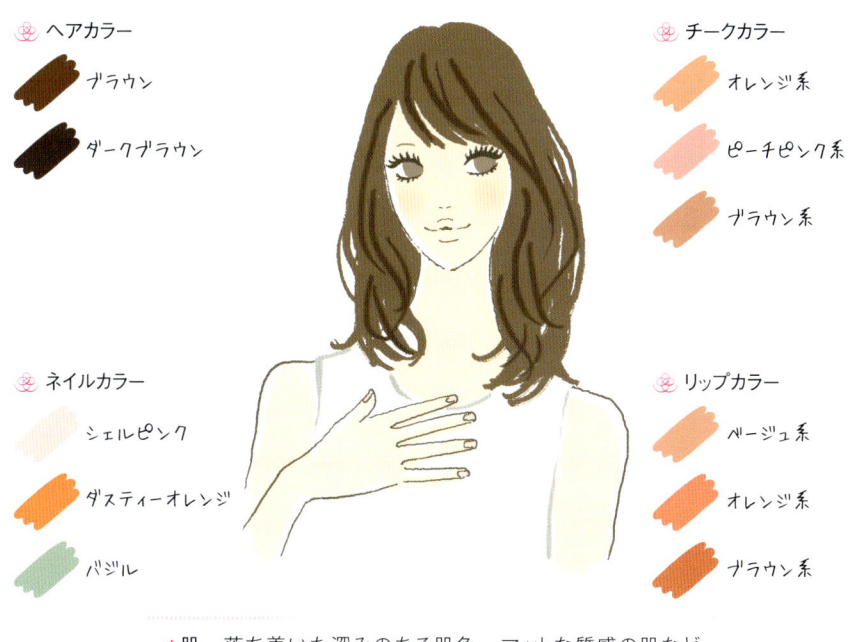

パーソナルカラー診断 結果

ウインタータイプ

ウインタータイプに似合う色は、青色を含んだ涼しげな原色が中心で、はっきりとした強い色のグループです。ドラマチック、都会的、シャープなどのイメージをつくるのが得意です。

モノトーンの白や黒、クリスマスカラーの赤や緑など、ダイナミックな色が多いことが特徴。

下のウインターカラーのパレットのうち、スノーホワイト、チャコールグレー、ミステリアスブラックが「ベーシックカラー（着こなしの土台となる色）」におすすめ。

透けるような色白の肌、またはオークル系の黄色みの強い肌をしていることが多いです。

●ウインターカラー

パールピンク	オーキッド	カメリアピンク	フューシャ	チェリーピンク
キャンディイエロー	ブルーキュラソー	パシフィックブルー	ブリリアントブルー	オリエンタルブルー
ラピスラズリ	ミッドナイトブルー	インペリアルレッド	セリーズ	ディープラズベリー
グレープワイン	クリスタルグリーン	モーニングミスト	マラカイト	ビリヤードグリーン
ブリティッシュグリーン	スイートライラック	ロイヤルパープル	バーガンディー	スノーホワイト
シルバーグレー	ムーンライト	クリスタルベージュ	チャコールグレー	ミステリアスブラック

ヘアカラー
- ダークブラウン
- ブラック

チークカラー
- ベビーピンク系
- ローズ系

ネイルカラー
- パールピンク
- フューシャ
- シルバーグレー

リップカラー
- ピンク系
- ローズ系
- ピンクベージュ系

＊肌　色白、オークル系の黄色みの強い肌など

＊瞳　黒目と白目のコントラストがはっきり

＊髪　漆黒の場合が多い

Winter × Straight
P100へ

Winter × Wave
P102へ

Winter × Natural
P104へ

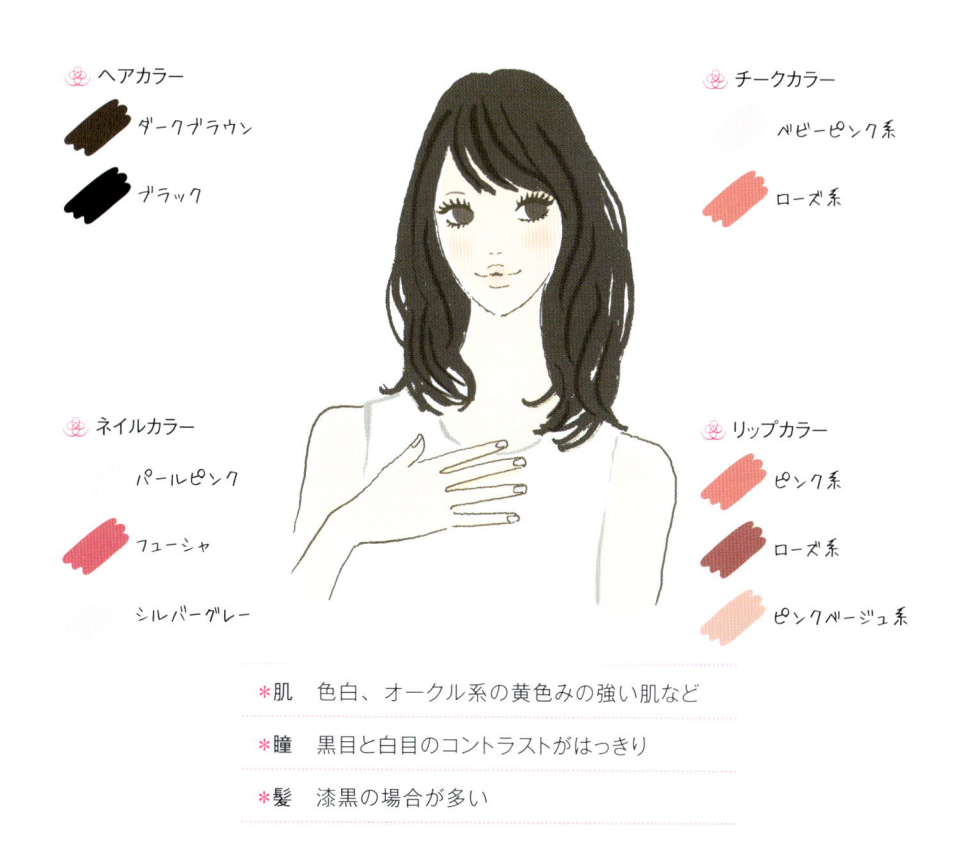

すぐにできる！ 垢抜け配色のつくり方

自分に似合う色さえわかれば、もう十分？いいえ、じつはもうひとつ、重要なことがあります。それはコーディネートにおける〝配色のつくり方〟です。

せっかく似合う色のアイテムを組み合わせても、配色で失敗するとまったく垢抜けて見えないのです。

オシャレに見えるかどうか、またクール系・スイート系など狙った通りのファッションイメージになっているかどうかも、配色が大切になってきます。

ここでは、すぐにできる垢抜け配色をつくる4つのコツをご紹介します。

全身でつかう色数は3色まで

ファッションの印象は全身トータルで決まるもの。だからこそコーディネート全体に統一感があることが大切です。

垢抜け配色をつくるひとつ目のコツは、トップス、ボトム、アクセサリー、バッグ、靴などの全身のアイテムにつかう色数を少なくすること。

逆に色の種類が多いと、どうしてもゴチャゴチャとまとまりのない印象になりやすく、コーディネート全体の方向性も曖昧になり、垢抜けない印象になりがちです。できればトータルでつかう色を3色程度までに抑えてみて。

○
OK例

×
NG例

それだけでスッキリと洗練された印象にまとまります。

ボトムを明るい色にする

垢抜け配色をつくる2つ目のコツは、ボトムに黒などの重い色をもってこないこと。

自分のパーソナルカラーの色でつくったコーディネートでも、黒などのダークカラーのボトムが全体を台無しにしてしまうことも。

無難だし汚れも目立ちにくいからと、つい黒いスカートやパンツを選ぶ人は多いですが、じつはこれが失敗のもと。

左のイラストを見てください。黒いボトムだと「重い」印象を与える上、「オバサンっぽい」イメージになりませんか？

オバサンっぽくならずに垢抜けて見せるには、ボトムの色をトップスよりも明るい色にすることです。これだけで都会的な、洗練された印象になります。

そういう意味では、いちばん明るい色である「白」のボトムは万能につかえるオシャレアイテム。ボトムを白に変えるだけで、コーディネート全体がぱっと垢抜けることは多いので、ぜひ試してみてください。

ただし、スポーティーまたはカジュアルなファッションに関しては、アイテム自体に軽やかさがあるので、ボトムの色はトップスよりも暗い色にしたほうがバランスよくまとまる場合もあります。

たとえば黒い裾絞りカーゴパンツに白いＴシャツを合わせれば、クールでかっこいい着こなしになります。

アウターを濃い色にする

ジャケット、カーディガン、深めのＶネックニットなどを着て、中のインナーを見せるコーディネートがありますよね。こんなときにも配色はとっても大切。

垢抜け配色をつくる３つ目のコツは、全体をスッキリ見せるために、アウターをインナーよりも濃い色にすること。アウトラインがくっきりとするので、安定感のあるコーディネートになります。

逆に、アウターをインナーよりも淡い色にしてしまうと、アウトラインがぼやけて野暮ったい印象になりがちです。

たとえばシルバーグレーのインナーに、白いカーディガンを羽織った次ページの左下のイラストを見てください。ぼんやりと締まりのないコーディネートになりますよね。

○

OK 例

○

OK 例

アウターがインナーよりも濃い色だと、アウトラインがくっきりとし、スッキリして見える。

×

NG 例

×

NG 例

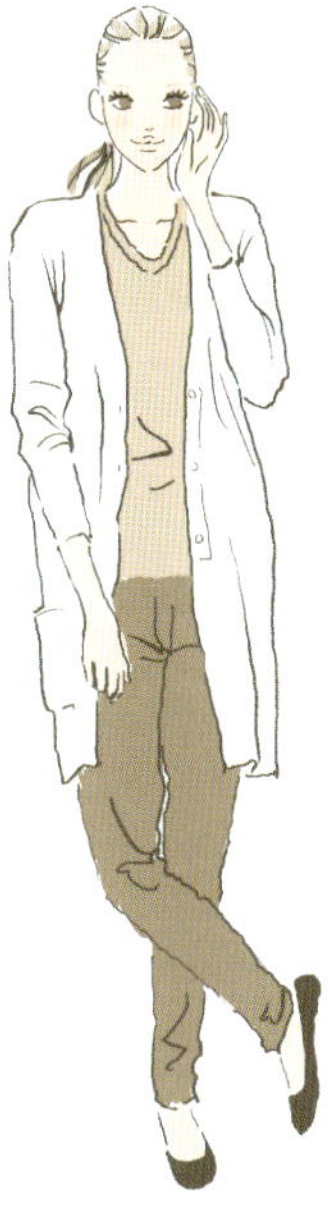

アウターがインナーよりも淡い色だと、アウトラインがぼやけて野暮ったい印象に……。

なんだか難しそうと感じた人は、インナーを白にしておけば大丈夫。ベーシックな白いタンクトップやＴシャツなら、アウターにどんな色がきてもまとまります。

もちろん、ボトムに黒などの重い色をもってこないことも忘れずに。

ベーシックカラーをつかった グラデーション配色

垢抜け配色をつくる４つ目のコツは、ベーシックカラーのみでグラデーション配色をつくること。

イエローベース（スプリングとオータム）の人ならベージュをつかったグラデーション配色。

ブルーベース（サマーとウインター）の人ならグレーをつかったグラデーション配色。

ポイントは微妙な色差のグラデーションにすること。コントラストがないほど洗練された印象になります。

前述した「ボトムを明るい色にする」「アウターを濃い色にする」の法則も合わせてつかいながら、グラデーション配色のコーディネートに挑戦してみて。

グラデーションカラーからは外れますが、ベーシックカラー一色で着こなす「ワントーンコーデ」もじつは垢抜けた印象になります。差し色を加えるなら小物でとり入れてみてください。

たとえば夏のシーズンなら、ホワイトデニムに白いＴシャツを合わせ、足元にも白い革のサンダル。アクセントにゴールドのバングルとネックレス。

これだけで、真夏の眩しい日差しに映える、爽やかな垢抜け配色の完成です。

Chapter 3

わたしが輝く
「自分シルエット」
をつかむ

あなたはどのタイプ？骨格タイプをセルフ診断

骨格診断では、生まれもった身体の「質感」と「ライン」の特徴をもとに、ストレート・ウェーブ・ナチュラルの3つの骨格タイプに分類をします。

各タイプでは、もちろん「似合う服」が異なります。

骨格診断によって、自分の体型に合った〝素材の質感〟と〝形〟のファッションアイテムが見つかるのです。

3つの骨格タイプ

骨格の3つのタイプの特徴は、ざっくりお伝えすると以下のようになります。

・ストレートタイプ →身体全体に厚みがあり、メリハリのある体型
・ウェーブタイプ →身体全体が薄く、華奢な体型
・ナチュラルタイプ →関節が大きく、フレームがしっかりとした体型

日本人に多いのは、「ストレート」と「ウェーブ」タイプといわれています。この2つのタイプはほぼ正反対の特徴をもち、横から見たときに身体全体に厚みがあるかどうかが、大きな分かれ目となります。

ストレートタイプが健康美溢れるメリハリ体型だとすれば、ウェーブタイプは筋肉がつ

きにくい華奢な体型。

一方「ナチュラル」タイプは、筋肉も脂肪もつきにくく、関節が大きく骨格によるフレームがしっかりとした体型です。

セルフ診断のステップ

それではいよいよ次ページから、骨格タイプをセルフ診断し、「自分シルエット」を見つけましょう。

ストレート・ウェーブ・ナチュラルの各タイプには、それぞれ身体の特徴、似合う服の特徴をチェックできる項目が合わせて20項目あります。

〈自分シルエットを見つけるステップ〉

①右ページの説明を読んで、「なんとなく、自分はこのタイプかな?」と感じたタイプの項目からはじめ、その後ほかのタイプの項目も確認してください。

②チェックがついた項目がもっとも多いタイプが、あなたの骨格タイプです。

③どれかひとつの骨格タイプにばかりチェックがついたという人は、そのタイプの典型的な特徴をもっているといえます。
一方、2つ以上の骨格タイプにおいてチェックのついた数にあまり差がない場合は、複数のタイプの特徴を併せもっている人かもしれません。その場合は49ページを参考にしてください。

ストレートにチェックが多数 →52ページ
ウェーブにチェックが多数 →60ページ
ナチュラルにチェックが多数 →68ページ

Color & Silhouette

診断用チェック項目　ストレートタイプ

身体の特徴チェック

- □ 筋肉がつきやすい
- □ 鎖骨はあまり出ていない
- □ 首はどちらかというと短め
- □ 後頭部に丸みがある（絶壁ではない、ポニーテールが似合う）
- □ 身長のわりに手足が小さめ
- □ 手のくるぶし（豆状骨）が小さく目立たない
- □ バストトップの位置は高いほう
- □ ヒップ位置は高いほうで豊かな丸みがある
- □ 身体に厚みがあり痩せても華奢な印象にはならない
- □ 太ももは肉感的だが、ヒザ下部分の脚はすらりとした印象

似合う服の特徴チェック

- □ 定番のジャケットやスーツが似合う
- □ 定番のストレートデニムが似合う
- □ ハリ感のある素材が似合う（スッキリ着痩せする）
- □ 丸首のトップスを着ると首元が詰まった窮屈な印象になる
- □ 薄くてピタッとした服を着るとむっちり肉感的な印象になる
- □ ボリューム感のあるセミロングヘアにすると首回りが詰まって太って見える
- □ やわらかい素材のスカートをはくと後ろ側がツンと上がり、前側よりも丈が短くなってしまう
- □ やわらかい素材のチュニックを着ると前側が膨らみ、妊婦さんのようなボディラインになる
- □ 丸襟のツイードジャケットを着ると太って見える、もしくはオバサンっぽい印象になる
- □ ざっくりニット（ローゲージニット）を着ると、身体が厚ぼったくなってしまい似合わない

→このタイプにもっとも多くチェックがついた人は 52 ページへ

診断用チェック項目　ウェーブタイプ

身体の特徴チェック

- □ 筋肉がつきにくい
- □ 鎖骨がくっきりと浮き出ている（水の溜まるような鎖骨）
- □ 首はどちらかというと長め
- □ 後頭部はどちらかというと平面的（絶壁でポニーテールが似合わない）
- □ 靴のサイズは身長相応の平均的な大きさ
- □ 手のくるぶし（豆状骨）が少し出ている
- □ バストトップの位置は低いほう
- □ ヒップ位置は低いほうで平坦な印象
- □ 身体が薄く華奢な印象（特に上半身）
- □ 下半身が太りやすい

似合う服の特徴チェック

- □ シャツよりもブラウスが似合う
- □ 胸下に切り替えのあるワンピースが似合う
- □ やわらかい素材のスカートが似合う
- □ アンゴラやモヘヤのニットが似合う
- □ 深いＶネックを着ると胸元が貧相な印象になる
- □ 薄くてピタッとした服を着るとスタイルアップして見える
- □ ショートカットにすると首回りや胸元が貧相に見える
- □ 大きなバッグをもつと、身体がバッグの存在感に負けてしまう
- □ カジュアルやスポーティーなファッションはあまり似合わない（こなれたオシャレな感じにはならず、まるでスポーツウェアを着たようになる）
- □ 定番のテーラードジャケットよりも、丸襟のツイードジャケットのほうが似合う

→ このタイプにもっとも多くチェックがついた人は60ページへ

診断用チェック項目　ナチュラルタイプ

身体の特徴チェック

□ 筋肉も脂肪もつきにくい（あまり肉感的なものを感じさせない体型）
□ 鎖骨は大きく、しっかりとした印象
□ 首が筋張っている
□ 頭の鉢が大きい
□ 頬骨が大きく目立つ
□ 手のくるぶし（豆状骨）が大きく目立つ
□ 筋張った手をしている
□ 身長のわりに手足が大きい
□ 胸に幅があるため海外ブランドのブラジャーのほうが身体に合う
□ ヒザの皿が大きい（縦に長さがある）

似合う服の特徴チェック

□ ジャストサイズよりも、オーバーサイズ気味で着る服のほうがこなれた印象になる
□ ボーイフレンドデニムが似合う
□ マキシワンピが似合う
□ 大きなサイズのバッグをもつとオシャレに見える（小さなバッグが似合わない）
□ リュックやショルダーバッグは、身体の低い位置にもってくるとオシャレに見える
□ メンズものの腕時計が似合う
□ 薄くてピタッとした服を着ると、身体のフレームが目立ち、逞しく見えてしまう
□ ポンチョ（特に長め）が似合う
□ ドルマンスリーブが似合う
□ ざっくりとしたニット（ローゲージニット）が似合う

⇢このタイプにもっとも多くチェックがついた人は68ページへ

どれにも当てはまらないかも？というときは

骨格タイプの診断結果はいかがでしたか。

どれにも当てはまらないかも？　と感じてしまった、あるいは2つ以上のタイプに同じくらいの数のチェックがついた人のために、ここではできるだけ正しい診断をしていただくためのポイントをお伝えします。

自分にシビアになりすぎてない？

まず今回のようなセルフ診断の場合、自分の体型をいかに客観的にとらえられるかが、正しい結果を導き出すための重要なポイントになってきます。

なぜなら、自己評価の基準が厳しすぎる女性があまりに多いからです。

わたしが実際にお客さまと接している中でも、ご自身のことを「下半身が太い」「太りやすい」「骨太でガタイがいい」などと話される方はとても多いのです。

でも実際に診断させていただくと、そんなことはないケースがほとんど。

もちろん謙遜もあっての発言かもしれませんが、このような厳しい基準を自分に課していては、正しいセルフ診断が難しくなってしまいます。

同世代の「一般的な女性」と比較して自分の体型にはどんな特徴があるのか、という観点で考えるようにしてくださいね。間違ってもファッション誌のモデルさんと比べてみるなんてことはしないように。

「骨格」に身長や体重は関係ない

骨格診断において、身長や体重は関係ありません。

「ストレート＝太っている」「ウェーブ＝痩せている」「ナチュラル＝背が高い」といったイメージをもつ人もいるようですが、どの骨格タイプにも、小柄な人もいれば大柄な人もいますし、痩せている人もいれば太っている人もいます。

また、「ウェーブが得意な服は、身長が高いと似合わなそう」「ナチュラルが得意な服は、身長が低いと似合わなそう」などと感じる人もいるようです。

具体的には「ウェーブタイプが得意な装飾性の高い、かわいい系の服は、背が高いと存在感が出すぎて変かも」「ナチュラルタイプのオーバーサイズ気味の服は、背が低いと引きずるような印象になるかも」と心配されているようです。

しかし、それは全身のバランスの問題で身長の高低には影響されません。あなたの骨格に似合う服をバランスよく着れば、身長が高い人も低い人もオシャレに着こなすことができるのです。

骨格診断を自分で行なうときは、身長や体重については考えずに診断するようにしてください。

セルフ診断に迷ったら、試着してみる

割合としてはそれほど多くはありませんが、診断が難しい体型の人もいます。

2つ以上の骨格タイプに同じくらいの数のチェックが入ったら、複数のタイプの特徴を併せもった体型だといえますが、このような人はわたしたちプロが診断する場合でもかなり悩むことがあります。

ただこのようなケースにおいても、診断結果は必ずひとつのタイプになります。

体型をもっともきれいに見せてくれるのはどの骨格タイプのファッションアイテムなのか、という観点で最終的にはひとつのタイプに絞り込みます。

今回のようなセルフ診断においてひとつのタイプに絞り込めない場合には、候補となる骨格タイプのファッションアイテムを実際に着て、比較をしてみることです。姿見の前で全身のバランスを確認しながら、もっとも似合うタイプを見極めてくださいね。

なお、各骨格タイプに似合うファッションアイテムについては、次ページから確認ができます。

骨格診断 結果

ストレートタイプ

ストレートタイプは、存在感のあるメリハリ体型。筋肉がつきやすく、身体の質感には豊かなハリがあります。

バストトップやヒップラインの位置は高め。また身体全体に厚みがあるので、細身な人でも華奢な印象にはなりません。まさに健康美を感じさせる人です。

全身のバランスとしては、上半身にボリュームがあり、ヒザ下はスッキリとしているのが特徴です。

シンプル、ベーシック、高級感、クール、シャープなどのイメージのファッションがよく似合います。

似合う“素材の質感”

存在感がありしっかりしているもの、厚みとハリがあるもの、高品質なものが似合います。

たとえば、綿、シルク、ウール、カシミヤ、デニム、レザー（表革）などがおすすめ。

ニットなら編み目が細かくなめらかな質感のハイゲージニット。

あくまで素材の「質感」をもとに判断します。たとえばカシミヤでも、薄くてやわらかいものはNGということになります。しっかりとした厚みのあるものを選びましょう。

ストレートタイプ

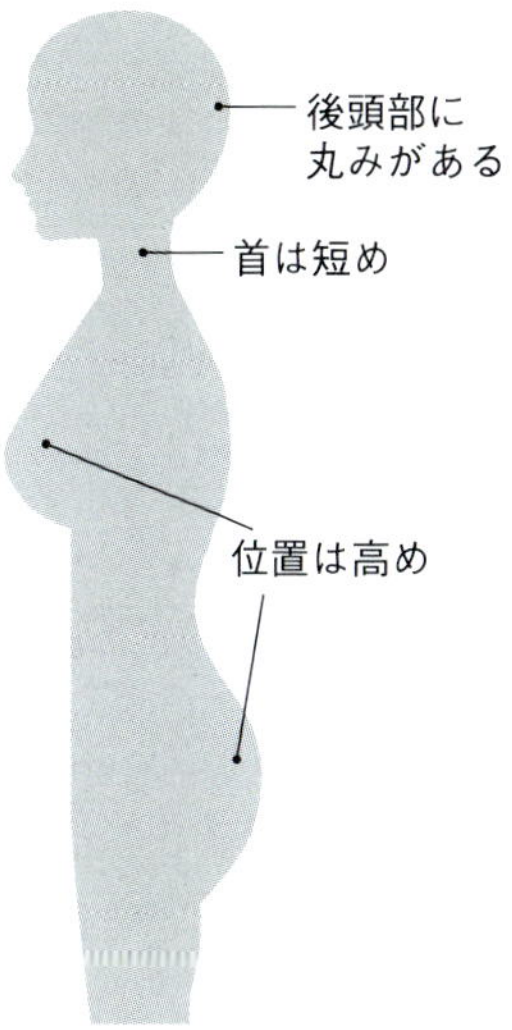

- 身体に厚みのある、メリハリボディ
- 筋肉がつきやすく、身体にハリがある
- 健康美を感じさせる
- ハイブランドなら「HERMES」がぴったり

● ストレートタイプの有名人イメージ
藤原紀香さん、米倉涼子さん、黒木メイサさん

似合う〝形〟

余計な装飾がないシンプルなデザインが基本です。

そして身体のラインをほどよく拾ってくれる、ちょうどよいサイズ感のものを選ぶことも大切です。

身体にフィットするものは、ストレートタイプの豊かな肉感を拾ってしまい、むっちりと着太りしがち。逆にゆったりとしたサイズ感のものは、だらしなく見えてしまいます。

トップスはVネックやシャツカラーなどの、縦に深く開いたネックラインを着ると、上品な女性らしさが際立ちます。縦長の肌見せラインができることで、ストレートタイプの特徴のひとつである「短めの首」を長くスッキリと見せ、全体のバランスを整えてくれる効果も。
「少し大胆かな？」と思うくらいの深い開きでも、胸元にハリと厚みがあるので、いやらしい印象にはまずならないです。

冬の時期など胸元を出すのが難しい場合には、ハイネックがおすすめ。上半身をスッキリとスリムに見せてくれます。

そしてもうひとつ、トップスを選ぶときに大事なのは「着丈」。短すぎると太って見え、長すぎるとだらしなく見えがち。

鏡の前で裾を少し下に引っ張ってみたり、折りたたんでみたりしながら、自分にとってのベストな着丈を探してみてください。

ちなみにスカートを合わせる場合は着丈をやや短く、パンツを合わせる場合は着丈をやや長めにすると、バランスがとりやすいです。

ボトムはヒザ上丈、ロング丈、マキシ丈が似合います。

一方でミニ丈やセミロング丈は、ストレートタイプの太ももやふくらはぎの肉感的な印象を際立たせてしまい、脚がむっちりと見えがちなので避けましょう。

スカートなら、すらりと伸びたヒザ下と丸みのある豊かなヒップラインを生かせる、ヒザ上丈のタイトスカートがもっともおすすめ。ストレートスカートも似合います。

腰の位置が高い人が多いので、パンツスタイルもよく似合います。スラックス、チノパン、ストレート、ブーツカット、ワイドパンツなどがおすすめ。

丈はフルレングス（床まで届く長さのもの）が基本ですが、少しだけロールアップして足首の骨部分を出してもＯＫ。トレンドやＴＰＯに合わせてアレンジしてみましょう。

ストレートタイプに おすすめのトップス

- ＊縦長に開いたネックラインのもの
- ＊冬なら、上半身をスッキリ見せるハイネックなど
- ＊普通の袖筒幅で、装飾のないシンプルな長袖または半袖（七分丈など中途半端でない袖丈）

ストレートタイプに おすすめのボトム

- ＊すらりとしたヒザ下を生かせるタイトスカート／ストレートスカート
- ＊丸みのある豊かなヒップラインを生かした、パンツスタイル全般
- ＊きれいめのハーフパンツも得意（トレンドに合っていればＯＫ）

似合う柄

柄物を着るなら、大きな柄を選びましょう。

①大きな水玉

②大きな花柄

③バーバリーチェック

④アーガイルチェック

⑤ストライプ（太め・細めどちらでもOK）

逆に避けたほうがいい柄は、千鳥格子、ギンガムチェック、小花柄、ペイズリー、プッチなどの細かな柄。

安っぽく見えたり野暮ったい印象になってしまいます。特にヒョウ柄は、肉感的な身体の質感とは相性がわるく品のない印象になりがちで、ストレートタイプの人は苦手です。

ストレートタイプに似合う髪型

首回りのボリュームをタイトに絞ったストレートヘアで、長さはショート、ショートボブ、ロングが似合います。

首が短めで胸元にハリのある人が多いので、首回りや胸元にボリュームが出やすいウェーブヘアやセミロングは苦手です。

ウェーブヘアにする場合には、ボリュームを抑えたゆるめのカーブにする。また伸ばしかけなどで一時的にセミロングになる場合は、アップまたはハーフアップにアレンジして、首回りをスッキリ見せるといいでしょう。

コーディネートのコツは「引き算」

シンプルでクラス感のあるアイテムを身につけると、上品で洗練された印象になります。余計な装飾はないほうが垢抜けるので、とにかく「引き算」スタイルを意識しましょう。

そして素材は「上質なもの」を選びます。多少価格が高くても、シンプル&ベーシックなアイテムは、流行にあまり影響されることなく飽きずに長く愛用できるので、もとは十分にとれると考えてください。

おすすめなのは、シンプルな服に大胆な小物づかいをするコーディネート。ストレートタイプに似合う服はシンプルなものが多いので、小物選びではちょっと冒険をして、ぜひ個性的なものにチャレンジしてみて。

たとえば、大振りの指輪、存在感のあるネックレス、鮮やかな色の型押しレザーのバッグなど。小物を主役にしたコーディネートで、人とは違うワンランク上のオシャレを楽しみましょう。

ストレートタイプが得意なファッション

ストレートタイプの特徴である
「後頭部の丸み」を
生かしたショートボブ、
またはフルアップのアレンジ
がおすすめ。

縦長に開いたネックラインで
スッキリ見せるのが
おすすめ。
アウターは上質な素材で
じさたバ シックな
タイプが得意。
たとえば、定番の
テーラードジャケットや
トレンチコートなど。

太ももを強調せず、
すらりとしたヒザ下を見せる
厚手のヒザ上丈の
タイトスカートがおすすめ。
またヒップラインを生かせる
ボトムが得意なので、
ウールまたは綿のスラックス、
きれいめのストレートデニムパンツも
得意。

ストレートタイプに似合う小物類

本貴石、本真珠。
大振りで揺れないタイプの
イヤリングかピアス、
チェーンブレスレット、バングルも得意。

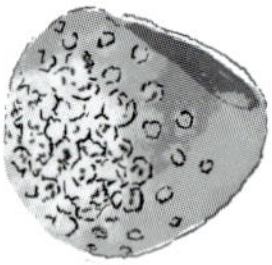

フェイスは
円形か長方形で
標準サイズのもの。

大きめでマチの厚いバッグ
ハンドバッグ（大きめ・自立タイプ）
ケリータイプ、バーキンタイプ、トートバッグ。

そのほか
シルクのスカーフ、大判ストール、
細めのベルトも得意。

ストレートの試着のコツは「着痩せ効果」と「高級感」があるか

姿見を見て、「着太りして見えないか」「安っぽく見えないか」の２点をチェックすること。

特にストレートタイプは、身体の前後に不自然なボリュームが出やすいので、サイドから見たシルエットを確認することが大切です。よくあるのは、次のケースです。

・トップスが、妊婦さんのようになっている
（やわらかい質感の素材が、胸元のハリを拾い膨らんでしまうケース）
・ジャケットのフロントラインが曲線になり、オバサンっぽくなっている
（胸元のハリによって襟が曲線状に膨らみ、身体が丸みを帯びて見えるケース）
・後ろ側のスカート丈が短くなっている
（ヒップの膨らみを拾い、スカートの後ろ側がつんと上がり、前側より後ろ側の丈が短くなっているケース）

いずれも素材がやわらかすぎたり、タイトなサイズ感で身体にフィットしすぎているなど、〝素材の質感〟や〝形〟が身体に合っていないことが原因。

試着のときに、意図しない箇所にボリュームが出ていないかをしっかりとチェックしてください。

特にジャケットをきれいに着こなすコツは、直線ラインをつくることです。シャープに着こなすことで洗練された印象になります。

骨格診断 結果

ウェーブタイプ

ウェーブタイプは、薄くて華奢な体型。身体の質感はやわらかく、筋肉がつきにくい体質です。

水の溜まるような鎖骨、くっきりと浮き出た肩甲骨。首から肩にかけてのラインはなだらかで首は長め、といった特徴があります。

全身のバランスとしては下半身にボリュームが出やすい下重心。体重が増えても上半身は華奢なままという人も多いでしょう。

フェミニン、スイート、キュート、エレガント、ボディコンシャス（身体のラインを強調するようなスタイル）などのイメージのファッションがよく似合います。年齢を重ねても甘いテイストを無理なく着こなせます。

似合う〝素材の質感〟

やわらかいもの、透けるもの、伸びるもの（ストレッチ素材）が似合います。

たとえば、シフォン、ベロア、ベルベット、ナイロン、エナメル、ファンシーツイード、ウール、毛皮、スウェードなどがおすすめ。ニットなら薄手で身体にフィットするもの、またはアンゴラやモヘヤなどのふんわりとやわらかな質感のもの。

あくまで素材の「質感」をもとに判断します。たとえばウールでも厚手でハリのあるものはＮＧ。やわらかい質感のものを選ぶようにしましょう。

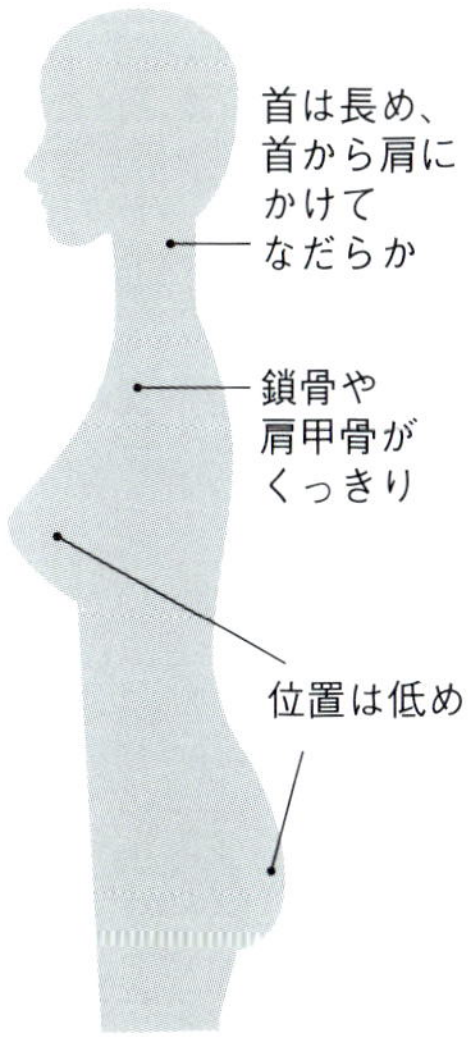

ウェーブタイプ

・身体が薄く、華奢なイメージ
・筋肉がつきにくく、下半身にボリュームが出やすい
・年齢を重ねても甘いテイストのファッションを楽しめる
・ハイブランドなら「CHANEL」がぴったり

● ウェーブタイプの有名人イメージ
神田うのさん、ほしのあきさん、黒木瞳さん

似合う〝形〟

身体にフィットするタイトなシルエット、またはふんわりエアリーなシルエットも似合います。

ただ全体がゆったりしたシルエットだと締まりのない印象になりがちなので、トップスかボトムのどちらかがゆったりならもう一方をタイトにする、あるいはウエストをベルトで締めるなどして、「ふわぴたライン」をつくるのがスタイルアップのコツです。

胸下切り替えなどの重心位置を高く見せてくれるデザインもおすすめ。下重心で、着こなしによっては脚が短く見えがちなウェーブタイプの体型をカバーしてくれます。

トップスは、くっきりとした鎖骨を見せられる、横長に開いたネックライン（ボートネ

ック、ホルターネック、オフショルダーなど）がおすすめ。逆に縦長に開いたネックラインは、間延びした印象になりがちなので、避けたほうがよいでしょう。

また、胸元の薄さをカバーし華やかな印象にしてくれる、やわらかなボリューム感があるものも得意です（オフタートルネック、カシュクール、タックドネック、フリルカラー、ドレープカラーなど）。

そして袖丈は、華奢な手首や二の腕を見せる七分丈やノースリーブ、袖に装飾性のあるもの（フレンチスリーブ、パフスリーブ、ペタルスリーブ、ベルスリーブ、タックドスリーブなど）もよく似合います。

これらのネックラインや袖の名前だけ聞いてもイメージしづらい場合は、116ページから図解しましたので、参考にしてください。

ボトムはミニ丈、ヒザ下丈、セミロング丈がよく似合います。

特に似合うスカートのバリエーションは非常に豊富で、タイト、フレア、プリーツ（プリーツ幅が細いもの）、マーメイド、ティアード、コクーン、ハイウエストスカートなど、いろいろなデザインを楽しめます（各スカートのシルエットは119ページ参照）。

パンツの場合は、ショートパンツやクロップドパンツなど、脚を見せる軽やかなデザインのものが似合います。フルレングス丈（床まで届く長さのもの）なら、スリムパンツ、ブーツカット、フレアパンツなどがおすすめ。

いずれもフェミニンなものを選び、ハードな印象にならないようにするのがポイントです。

ウェーブタイプにおすすめのトップス

* 横長に開いたネックラインのもの
* 胸元や袖にレース・フリル・リボンなどの装飾のあるもの
* 七分丈やノースリーブなど手首や二の腕を見せるもの

ウェーブタイプにおすすめのボトム

* 広がりや装飾のあるスカートや、脚を見せるパンツ
* ミニ丈、ヒザ下丈、セミロング丈のスカート多数
* ショートパンツやクロップドパンツ

似合う柄

柄物を着るなら小さな柄を選びましょう。

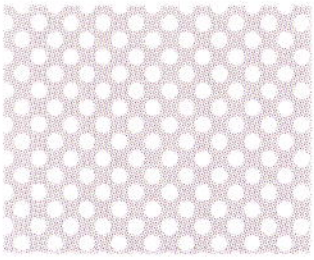

①小さな水玉

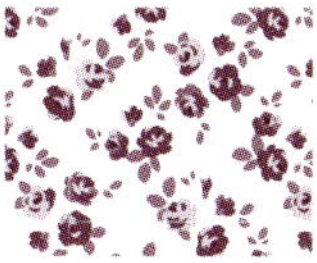

②小さな花柄

③ペイズリー

④プッチ

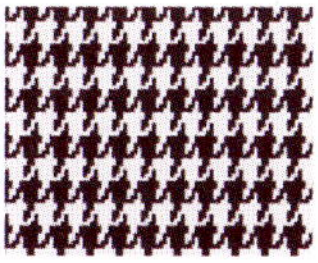

⑤千鳥格子

⑥ギンガムチェック

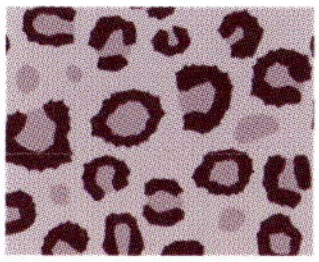

⑦ヒョウ柄

⑧ゼブラ柄

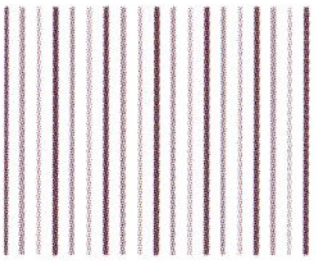

⑨細いストライプ

逆に避けたほうがいい柄は大きな柄。柄の存在感に薄い身体が負けてしまい、ちぐはぐな印象になりがちです。

ウェーブタイプに似合う髪型

華奢な首回りと胸元にボリューム感を出したウェーブヘアで、長さはセミロングまたはロングが似合います。ストレートヘアにする場合は、タイトなシルエットではなく、やわらかなボリューム感が出るようにすること。

苦手なのはショートスタイル。ウェーブの特徴である長い首や薄い胸元が貧相に見えがちです。

短い髪にする場合には、ふんわりとしたエアリー感のあるボブスタイルなど、できるだけやわらかい印象にするのがポイントです。

コーディネートのコツは「足し算」

女性らしい華やかなアイテムを身につけると、エレガントな印象になります。シンプルな着こなしは物足りない印象になりがちなので、「足し算」スタイルを意識してください。

ウェーブタイプは似合うアイテムの種類が豊富なので、様々なファッションを楽しめます。でもその一方で、トレンドの影響を受けやすいため、ひとつのアイテムを何年も着続けるのは難しい場合が多いかもしれません。

質のよいものを購入するなら比較的ベーシックなアイテムに限定して、残りはファストファッションなどのプチプラアイテムをうまく組み合わせると経済的。もしとり入れるなら、チープ感の出にくいインナーやトップスがおすすめです。

似合う〝素材の質感〟と〝形〟をきちんと選べば、プチプラアイテムだってすてきに着こなせてしまうのが、ウェーブタイプの特徴です。

ウェーブタイプが得意なファッション

ウェーブタイプは
長めの首と、
華奢で薄い胸元が特徴なので、
ボリュームを出した
ウェーブヘアや
エアリー感のある
ストレートヘアなどが得意。

丸襟のノーカラージャケットや
ツイードのセットアップもおすすめ。
薄い身体のため、
アウターでは裾が広がる
プリンセスコートや
ファーつきコートなどが得意。

ボトムには
ヒザ上10cmくらいのミニか、
ヒザ下丈のフェミニンなスカートを。
パンツなら、ショート丈や
7分丈くらいの
軽やかなものが得意。

ウェーブタイプに似合う小物類

半貴石、本真珠、
淡水パール。
小さめのイヤリングや
ピアス(揺れるタイプもOK)、
チェーンブレスレットも得意。

フェイスは円形、
正方形、楕円形で
標準もしくは
小さめサイズのもの。

小さめでマチの薄いバッグ、ハンドバッグ(小さめ)
キルティングバッグ。

そのほか
シフォンスカーフ、ストール、コサージュ、
太めのベルトも得意。

ウェーブの試着のコツは「貧相に見えないか」「脚が短く見えないか」

試着の際には、「貧相に見えないか」「脚が短く見えないか」の２点をチェックすること。

特に胸元や首回りはやせ細って見えがちなパーツ。女性らしいやわらかな印象を損なってしまうと、スリムというよりはただ寂しい印象になってしまうので気をつけましょう。よくあるのは、次のケースです。

・カジュアルなトップスが体操服のようにダサく見える
（厚手でラフな素材によって、“着られた印象”になる）
・シンプルベーシックな服が貧相に見える
（身体が華奢なため、華やかさのある服でないと、物足りない印象に）
・実際よりもなぜか脚が短く見える
（ウエスト位置を高めに見せないと、下重心が強調されてしまう）

このような失敗を防ぐには、ウェーブタイプのやわらかな身体の質感に調和する、やわらかい素材を選ぶこと。そして形は身体にぴったりとフィットするものを選び、ボディコンシャスなラインをつくることです。ふんわりとした形もＯＫですが、トップスかボトムのどちらかにとどめたほうがバランスはとりやすいです。

またウェーブタイプは下重心なので、できるだけ重心位置を高く見せるのがスタイルアップのコツです。着丈が短くコンパクトなトップスを選ぶ、太めのベルトをウエストの高い位置につける、みぞおち付近に切り替えのあるワンピースを選ぶなどが効果的。

試着のとき、もし脚が短く見えてしまうとすれば、それは下重心を強調してしまう形のアイテムだというサイン。高いヒールでカバーしようなどとは考えず、買わないのが賢い選択です。

骨格診断 結果

ナチュラルタイプ

ナチュラルタイプは、関節が大きく、骨格のフレームがしっかりとした体型。肉感的なものを感じさせないスタイリッシュなラインが特徴的です。

身体の厚みには個人差があり、薄い人も厚い人もいます。手、足、ヒザ、くるぶし、鎖骨、肩甲骨、頬骨などのパーツが大きく、また手は筋張っている人が多いです。

ラフ、カジュアル、ボーイッシュ、マニッシュ、スポーティーなどのイメージのファッションがよく似合います。

カジュアル感の強いラフなアイテムによって、こなれたスタイリッシュな印象を生み出せるタイプです。

似合う〝素材の質感〟

天然・素朴・ナチュラルな感じのもの、カジュアルなものが似合います。

たとえば、麻、綿、コーデュロイ、デニム、ツイード、ウール、ムートンなどがおすすめ。ニットなら編み目が大きくざっくりとした質感のローゲージニット。

あくまで素材の「質感」をもとに判断します。たとえばツイードでも、ラメ入りなどの華やかで装飾性の高いものはＮＧ。

ざっくりとした、素朴な味わいの素材を選ぶようにします。

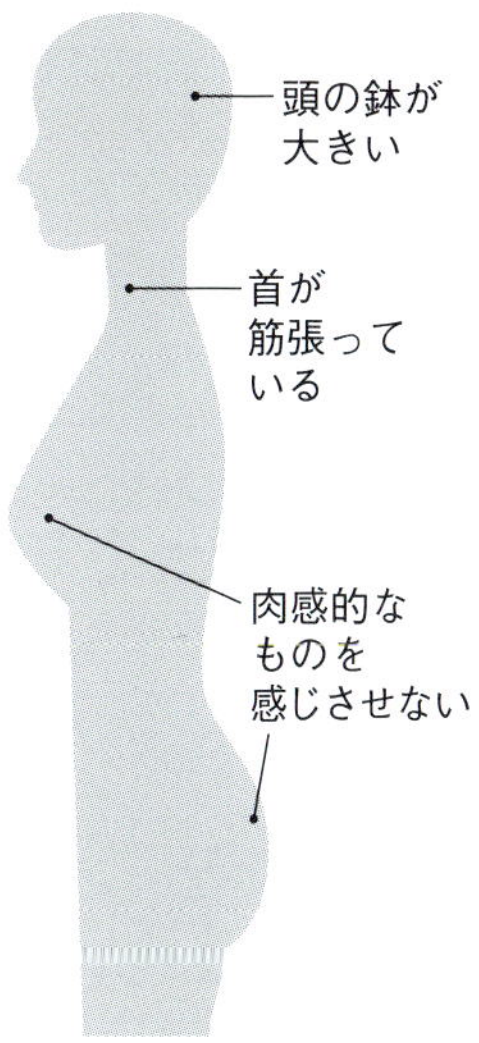

ナチュラルタイプ

- 関節が大きく、フレームがしっかりとした体型
- 筋肉も脂肪もつきにくい
- 身体の厚みには個人差が出やすい
- ハイブランドなら「Max Mara」がぴったり

●ナチュラルタイプの有名人イメージ
今井美樹さん、天海祐希さん、萬田久子さん

似合う〝形〟

オーバーサイズ気味に着こなす、長め、大きめ、太めにつくられたシルエット、またつくり込みすぎないラフなアイテムが似合います。

　身体のフレームがしっかりしているため、ゆったりとしたシルエットが、だらしなく見えたり着られた印象になってしまうことはまずなく、むしろ肩の力が抜けた感じがとてもオシャレに見えます。

　また野性味のある色気を感じさせる、ナチュラルな女性らしさも引き立ちます。

　逆にタイトなシルエットや、きちんとつくり込んだ印象のアイテムを着ると、しっかりとした身体のフレームや関節が目立ってしまい、がっしりと逞しく見えがち。着崩した感じのラフな着こなしを心がけましょう。

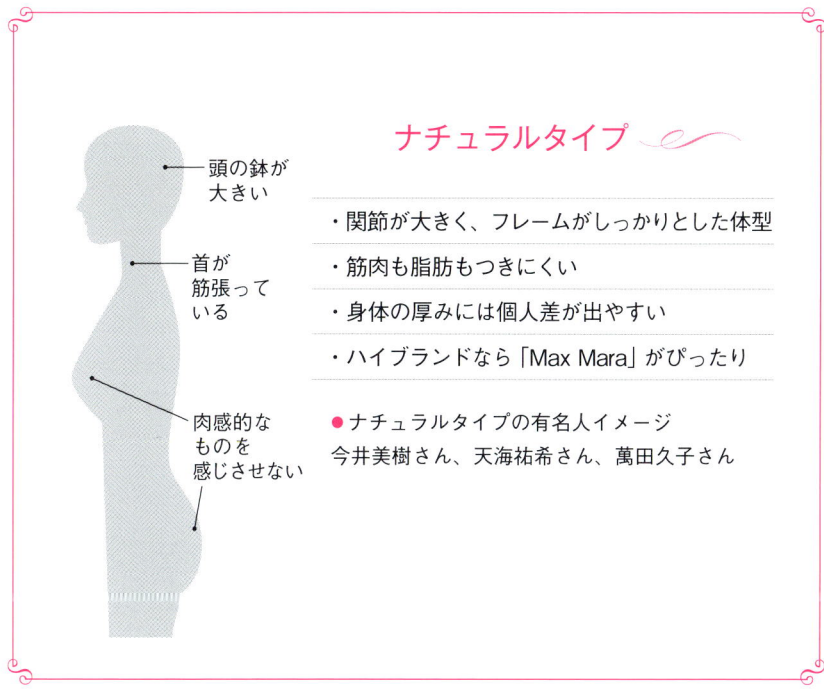

トップスはゆったりとしたサイズ感で着丈が長いもの。そして肌をあまり出さないものが似合います。

ネックラインは、ラウンドネック、ボートネック、タートルネック、オフタートルネックなど。襟つきならシャツカラー、スタンドカラー、ドレープカラーもＯＫ。いずれもどこかリラックスした感じや、カジュアルな雰囲気があるものを選びましょう。

袖丈は、7分丈などの中途半端な丈ではなく、普通の長袖または半袖を。

袖幅は普通幅もしくは太め幅が似合うので、ゆったりとしたラインのベルスリーブやドルマンスリーブがおすすめ。

大人の女性ならではの、洗練されたカジュアルスタイルを目指しましょう。

ボトムはヒザ下丈、ロング丈、マキシ丈が似合います。関節がしっかりとしているので、ヒザを隠したほうが脚はきれいに見えます。

スカートなら、着回しのきくヒザ下丈のタイトやストレートがデイリーづかいにおすすめ。またリゾート風のカジュアルスタイルを楽しむなら、マキシ丈のフレアスカートがお似合い。たっぷりとしたボリューム感のあるものを選んでください。

パンツなら、スラックスやワイドパンツが特に似合います。ほかにはチノパン、カーゴパンツ、ストレートパンツ、ブーツカットもＯＫ。いずれもフルレングス（床まで届く長さのもの）を選びましょう。

右記以外なら、丈が長めのクロップドパンツやガウチョパンツもおすすめ。ゆったりとしたボリューム感があるものを、メンズライクに着こなすのがポイントです。

ナチュラルタイプに おすすめのトップス

* ロングカーディガンなど、ゆったりとしたサイズ感のもの
* リラックス、カジュアルな雰囲気のネックラインのもの
* 袖幅は、普通〜太め幅のもの

ナチュラルタイプに おすすめのボトム

* ヒザの関節を隠す丈のもの、ボリューム感のあるもの
* ヒザ下丈のタイトスカートやストレートスカート、ボリュームのあるマキシ丈のフレアスカート
* スラックスやワイドパンツなど

似合う柄

柄物を着るなら、カジュアルまたはエキゾチックな柄を選びましょう。

①ペイズリー

②プッチ

③ギンガムチェック

④バーバリーチェック

⑤アーガイルチェック

⑥ストライプ（太め・細めどちらでもOK）

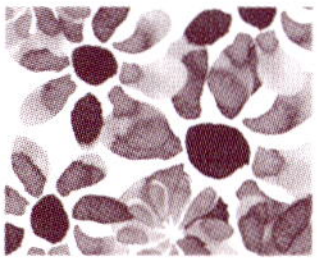
⑦水彩画のようなナチュラルな雰囲気の花柄

苦手なのはつくり込んだイメージになる水玉模様、千鳥格子、ヒョウ柄などです。

ナチュラルタイプに似合う髪型

天然パーマのような無造作なウェーブヘアで、長さはロングまたはベリーロングがよく似合います。

しっかりとしたフレーム感のある身体とバランスがいいのは、長さのあるヘアスタイル。長さがあるほど垢抜けた印象になります。

そしてラフなファッションには自然な感じのスタイルが好相性。できるだけ素朴な質感のスタイルにするのがポイントです。

逆に苦手なのは、艶のあるサラサラのストレートや、ガーリーな巻き髪などのつくり込んだスタイル。

ショートやセミロングにする場合にも、無造作なラフ感を出すことで洗いざらしのような雰囲気にするのがポイントです。

コーディネートのコツは「サイズ感」

肩の力が抜けたラフなアイテムを身につけると、こなれたルーズ感がスタイリッシュな印象になります。トップスもボトムも長め、大きめ、太めのアイテムでゆったりと着こなすのがポイント。

特にトップスについては、サイズ表記にとらわれずに、あえて大きなサイズも試着してみること。ナチュラルタイプの人はオーバーサイズ気味に着たほうがオシャレに見えることも多いでしょう。

ときにはメンズものをとり入れるのも手。カジュアルブランドのトップスなら似合うアイテムがかなり見つかるはず。あるいはパートナーのアイテムを借りてみるのも楽しいかもしれません。

Color & Silhouette lesson

ナチュラルタイプが得意なファッション

こなれたオシャレ感が出やすい、
腰に届くくらいの
ベリーロングヘアなどが得意。

ロングカーディガンなど、
ゆったりしたサイズの
アイテムが得意。
アウターは
着丈が長めの
ラップコートや
トレンチコート、
ダッフルコートなどが
似合う。

関節がしっかりした
ヒザをカバーして、
美脚に見せるには
ヒザ下丈のストレートスカートや
マキシワンピなどがおすすめ。
パンツならカーゴパンツや
麻のワイドパンツが得意。

ナチュラルタイプに似合う小物類

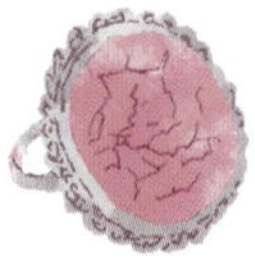

透明度のない宝石。
大きめのイヤリングやピアス、
チェーンブレスレット、
バングルも得意。

フェイスは
円形か長方形で
標準もしくは
大きめサイズのもの。

大きめでマチが厚いかマチなしのバッグ、
バーキンタイプ、トートバッグ。

そのほか
厚手の大判ストール
カジュアルなベルトも得意。

ナチュラルの試着のコツは「身体が逞しく見えないか」

姿見を見て「身体が逞しく見えないか」をチェックすることです。

つくり込んだ印象のアイテムを着ると、身体のフレーム感が目立ってどこか違和感のある印象になりがち。たとえば次のようなケースがわかりやすい例です。

・きれいめのパンツスーツなど、つくり込んだハンサムなスタイルでは、骨格のシャープなラインが際立ちメンズライクなかっこよさは出るものの、女性的な色気は出てこない
・きれいめのワンピースなどのフェミニンなスタイルでは、しっかりとした身体のフレームや大きな関節が悪目立ちしてしまい、まるで男性が女装しているような印象を与えてしまう

いずれの場合も「ラフ感」が足りないことが原因。〝素材の質感〟をもっと素朴な感じのものに変えてみる、あるいは〝形〟をよりゆったりとしたサイズ感のものに変えてみるなどすれば、こなれた印象の女性らしさが出てくるはずです。

同じようなアイテムでも〝素材の質感〟や〝形〟にラフ感があるかどうかのちょっとした違いで、ナチュラルタイプに似合うかどうかが決まります。試着時にはサイズ表記にとらわれず、いろいろと着比べてみるのがおすすめです。

どの程度のラフ感があるとよく似合うのか、自分なりの基準がつかめるはずです。

Column
Chapter 3

骨格タイプによって、
ネックレスの「長さ」を選ぶ

アクセサリーの中でも特に全身のコーディネートに大きな影響を与えるのがネックレス。骨格タイプによってバランスがよく見える「長さ」が異なります。

首回りをスッキリ見せて上半身に縦長ラインをつくりたいストレートタイプ、華奢な胸元をカバーし、また重心位置を高く見せたいウェーブタイプ、長さを感じさせるアイテムで全身のバランスをよくしたいナチュラルタイプなど、各骨格タイプによってネックレスに期待する役割は異なります。

以下を参考に、あなたにぴったり似合うネックレスを見つけてください。

〈各骨格タイプの得意なネックレスの長さ〉

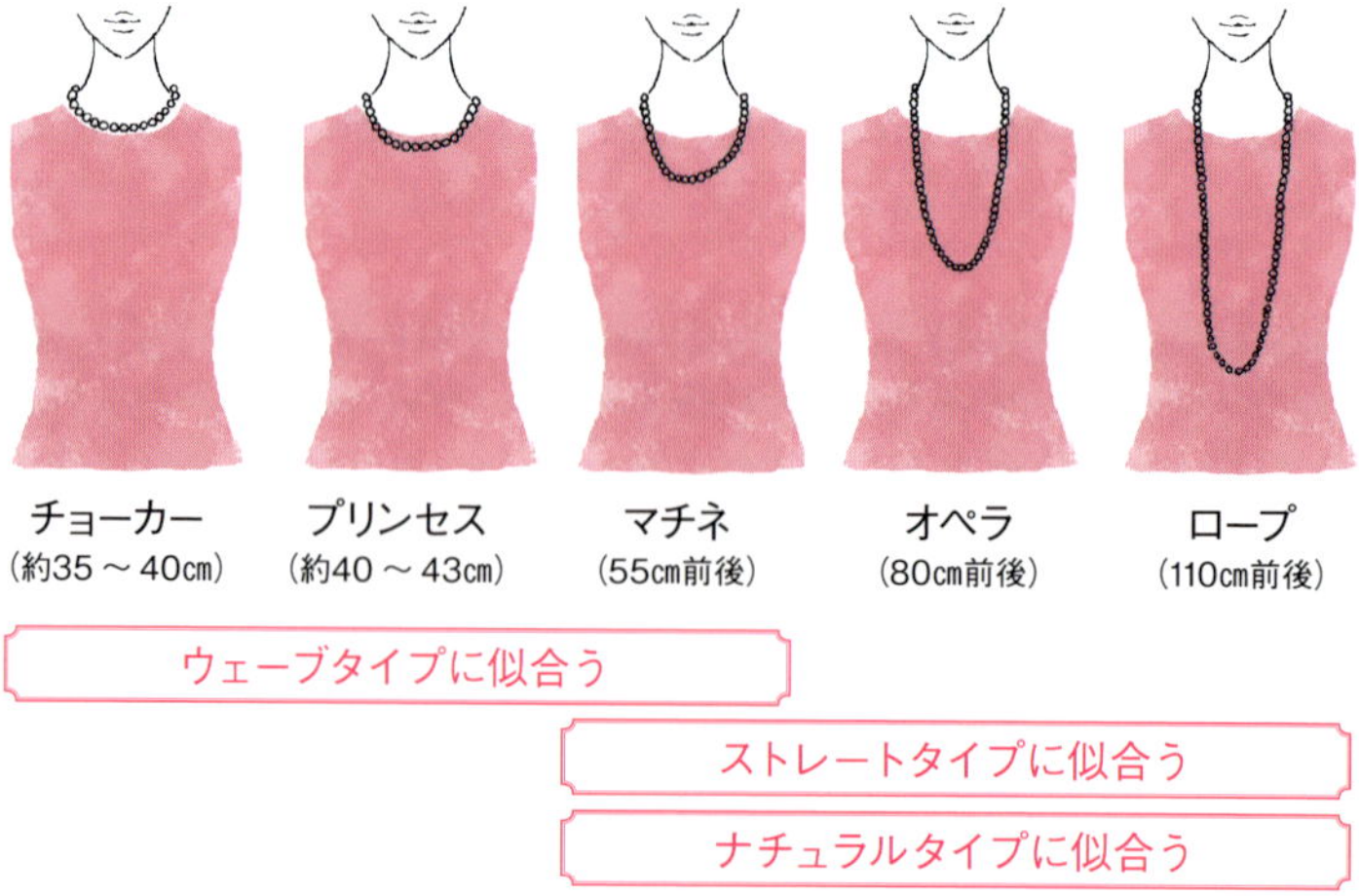

Chapter 4

「自分色」
×
「自分シルエット」
でつくるコーディネート

「自分色」と「自分シルエット」をかけ合わせる

Chapter2、3では、パーソナルカラー診断によりあなたの「自分色」を、骨格診断により「自分シルエット」を導き出しました。

でも本来、色とシルエットは一緒に組み合わせてつかいこなすもの。それぞれがバラバラの知識のままでは、まだ不十分です。

そこでChapter4では「自分色」と「自分シルエット」をかけ合わせたコーディネート例を紹介していきます。

4つのパーソナルカラータイプと、3つの骨格タイプを組み合わせた、合計12パターンのファッションについて解説します。

12パターンの紹介の仕方

各ページの構成は次のようになっています。

・特長

「自分色」と「自分シルエット」で着こなすとどんなイメージになるのか、その特徴と得意な雰囲気を紹介。さらに、イメージチェンジをしたいときのためのコーディネートのコツも掲載しています。

・おすすめアイテム

このタイプの魅力を引き立てるおすすめアイテムを掲載。次ページのサンプルではスプリングタイプ（パーソナルカラー診断の結果）×ストレートタイプ（骨格診断の結果）の得意なアイテムを紹介しています。

・コーディネート例

おすすめのコーディネートを3パターンずつ掲載。ショッピングやコーディネートの参考に！

12パターンの活用法

「自分色」と「自分シルエット」のコーディネート力を身につけるコツを紹介します。

〈自分のコーディネートを見つけるステップ〉

① 自分と同じタイプのページをチェック

自分の「パーソナルカラータイプ」と「骨格タイプ」の組み合わせのページをチェック。どんな着こなしがよく似合うのか、具体的にイメージができるようになるはずです。

(EX)パーソナルカラー診断がスプリングタイプで、骨格診断がストレートタイプの人なら、まずは82ページをチェック。

② 自分の「パーソナルカラータイプ」のページをチェック

パーソナルカラーが同じなら、骨格タイプ

が異なるコーディネート例でも、色の組み合わせ自体はそのまま真似をしてOK。自分の骨格タイプではなくても、コーディネート例の中にすてきだと感じる配色があったら、それを自分の骨格タイプのアイテムに置き換えるアレンジに挑戦。

(EX)スプリングタイプなら84ページ（スプリング×ウェーブ）、86ページ（スプリング×ナチュラル）もチェック。

③自分の「骨格タイプ」のページをチェック

骨格タイプが同じなら、パーソナルカラーが異なるコーディネート例でも、アイテムの組み合わせ自体はそのまま真似をしてOK。自分のパーソナルカラーではなくても、気に入ったコーディネート例があったら、それを自分のパーソナルカラーに置き換えるアレンジに挑戦。

(EX)ストレートタイプなら88ページ（サマー×ストレート）、94ページ（オータム×ストレート）、100ページ（ウインター×ストレート）もチェック。

最初は真似でも、だんだん自分のものに

本書のコーディネートを参考に、「自分色」×「自分シルエット」のかけ合わせに挑戦してみてください。

するとファッション誌の写真や、ショーウインドウに飾られているマネキン、街中で見かけた女性など、すてきだと感じるコーディネートに出会ったら、自分に似合うようアレンジしてとり入れることも可能になります。

きっかけは何かの模倣であっても、それをすぐに自分オリジナルのスタイルに昇華できてしまうというわけです。

「自分色」と「自分シルエット」のかけ合わせ

	ストレート	ウェーブ	ナチュラル
スプリング	 82ページへ	 84ページへ	 86ページへ
サマー	 88ページへ	 90ページへ	 92ページへ
オータム	 94ページへ	 96ページへ	 98ページへ
ウインター	 100ページへ	 102ページへ	 104ページへ

かけ合わせ例

スプリング×ストレート

シンプル＆ベーシックなアイテムをつかった、明るくカラフルな色づかいのファッションが似合います。

ストレートタイプは真面目さや硬さを感じさせるアイテムが多いですが、フレッシュなイメージのスプリングタイプの色（30ページ参照）で着こなすことで、アクティブでキュートな着こなしになります。

逆に、落ち着いた雰囲気にしたいときには、ミルキーホワイトにキャメルまたはトワイライトブルーを合わせる、ベーシックカラーのみのコーディネートがおすすめ。爽やかで上品な印象になります。

おすすめアイテム

キャメル×レザーコート

ハードな印象のレザーもキャメル色を選べば、ガーリーな一着に様変わり。定番アイテムとして長くつかえるので、ぜひ上質なものを選んで。

ミルキーホワイト×ストレートパンツ

甘口・辛口コーデにつかえる万能なアイテム。素材はウールやデニムがおすすめ。

トワイライトブルー and ミルキーホワイト×ボーダーT

マリンカラーのボーダーで、海を感じる夏らしいスタイリングを楽しんで。

Dress

レース生地も地厚で柄が大きめなものを選べば、ストレートタイプにもよく似合います。華やかな場に着ていくなら、赤いドレスで大胆にきめるのがすてき。

Sweet

プレーンなIラインワンピースは着回しがきく便利なアイテム。ほどよいフィット感で、着用した際のシルエットが美しいものを選ぶのがポイントです。

Cool

シンプルなパンツスタイルも、ホワイトとベージュ系のみの淡いカラーでスッキリまとめれば、上品で垢抜けた印象のコーディネートになります。

かけ合わせ例

スプリング×ウェーブ

フェミニン&ボディコンシャスな（身体のラインを強調するような）アイテムをつかった、明るくカラフルな色づかいのファッションが似合います。

ウェーブタイプはソフトなイメージのアイテムが多いですが、フレッシュな印象を与えるスプリングタイプの色（30ページ参照）で着こなすことで、チャーミングな魅力溢れる着こなしになります。

逆に、落ち着いた雰囲気にしたいときには、ライムグリーンやトワイライトブルーのブラウスがつかえます。透け感のある素材や「てろん」とした素材を選べば、品格のあるエレガントな女性らしさを演出できます。

おすすめアイテム

フェザーグレー or ビスコッティ ×毛皮のコート

ゴージャスな印象の毛皮も、スプリングタイプのクリーミーカラーで着こなせば、甘可愛いリッチスタイルに様変わり。

ピーチピンク or ハニーイエロー ×アンゴラニット

無垢な可愛さを演出するなら、ふんわり優しいカラーのふわふわニットがおすすめ。

ビスコッティ ×フレアスカート

トップスがピンク系なら甘可愛く、オレンジ系ならガーリーに、グリーン系なら大人っぽく、ブルー系なら爽やかに。さまざまなレディスタイルを楽しめる万能スカート。

Dress

ウエストの高い位置にあるリボンが、重心位置を高く見せてくれます。長めの着丈とシンプルなIラインで甘さを抑えれば、大人可愛いコーデの完成。

Sweet

“オレンジ×シャンパンゴールド”の晴れやかな色合わせは、リュクスな印象に加えて、親しみやすい明るさを演出したいときにおすすめ。

Cool

華やかな柄パンツを主役にした大人リッチなコーディネート。トップスの色をダークカラーにすると全体が引き締まり、上品な印象にまとまります。

かけ合わせ例

スプリング×ナチュラル

ラフ&カジュアルなアイテムをつかった、明るくカラフルな色づかいのファッションが似合います。

ナチュラルタイプは素朴さを感じさせるアイテムが多いですが、フレッシュなイメージのスプリングタイプの色で（30ページ参照）着こなすことで、大人可愛い着こなしになります。

逆に、落ち着いた雰囲気にしたいときには、キャメル、アーモンド、コーヒーブラウンなどのブラウン系カラーのざっくりニットや麻のパンツがおすすめ。

深い味わいのあるこなれたカジュアルスタイルが完成します。

おすすめアイテム

マンゴーオレンジ×ダッフルコート

定番のダッフルコートも、スプリングタイプのジューシーカラーで着こなせば、新鮮な印象になりとってもオシャレに。

フェザーグレー×麻のパンツ

どんなトップスも馴染むので、シティでもリゾートでもつかえる、夏の必須アイテム。

クロッカス or スイートバイオレット×コーデュロイパンツ

秋冬に似合う大人リッチなカジュアルスタイルを楽しめます。個性派コーデにチャレンジしたいときにおすすめ。

Dress

ハンサムなスタイルを楽しみたいときにおすすめなのがジャンプスーツ。アクセサリーで華やかさを加えれば、パーティー仕様にもなります。

Sweet

カラフルなパーカーにスカートを合わせたガーリーなカジュアルスタイル。パーカーの色が引き立つよう、ほかのアイテムの色は控えめにするのがポイント。

Cool

素朴なかごバッグも、大きな花をつければオシャレなアイテムに様変わり。天然石などの大振りのアクセサリーを合わせれば、リゾート仕様にもなります。

かけ合わせ例

サマー×ストレート

シンプル&ベーシックなアイテムをつかった、涼しげで清楚な色づかいのファッションが似合います。

ストレートタイプは真面目さや硬さを感じさせるアイテムが多いですが、ソフトなイメージのサマータイプの色（32ページ参照）で着こなすことで、凛とした印象の、洗練された着こなしになります。

逆に、キュートな雰囲気にしたいときには、ストロベリーやフランボワーズのボトムがおすすめ。活動的な印象を与えるタイトスカートやストレートパンツでとり入れて。

いつものクールビューティーとは違った、親しみやすい可愛さを演出できます。

おすすめアイテム

スカイグレー×トレンチコート

定番のトレンチも、サマータイプの爽やかなクールカラーで着こなせば、よりスタイリッシュな印象に。

マシュマロ×シャツ

どんな着こなしに合わせても、女を格上げしてくれる正統派アイテム。シンプルだからこそ素材感やシルエットには深いこだわりを。

ブライダルローズ or ラベンダーグレー×Vネックニット

シンプルなニットも、ニュアンスのあるエレガントカラーで、上品なオシャレに。

Dress

深めVネックのIラインドレスは、ストレートタイプの体型を美しく見せてくれる王道アイテム。小物づかいでさまざまなアレンジを楽しめます。

Sweet

ベーシックなアイテムこそラインの美しさにこだわること。またアイテムがシンプルな分、思い切った色づかいで個性を演出するのもおすすめ。

Cool

ハイネックのハイゲージニットにセンタープレスパンツを合わせたクールなスタイル。スモーキーなピンクでほどよくフェミニンさを加えるとすてき。

かけ合わせ例

サマー×ウェーブ

フェミニン&ボディコンシャスな（身体のラインを強調するような）アイテムをつかった、涼しげで清楚な色づかいのファッションが似合います。

サマータイプの色（32ページ参照）、ウェーブタイプのアイテム。どちらもエレガントな印象を与えるので、フェミニンな女性らしさを感じさせる着こなしがもっとも得意なタイプといえます。

逆に、ビジネスシーンなどで頼もしい印象に見せたいときには、インディゴやダークブルーシャドーのセットアップをつかったワントーンコーデがおすすめ。知的でしっかりとした印象を演出することができます。

おすすめアイテム

オールドローズ×プリンセスコート

甘めのコートだからこそ、サマータイプの華のある大人カラーを選べば、人目を惹くオシャレ上級者の装いに。

グレーミスト×タイトスカート

いい女コーデが即つくれる万能アイテム。グレー系のワントーンコーデならクールに、ピンク系、ブルー系、パープル系のトップスを合わせればフェミニンに。

オーキッドスモーク×シフォンブラウス

どこか神秘的な魅力を感じさせる上品アイテム。知的に見せたいときにもおすすめ。

Dress

フリルをふんだんにあしらったキュートなドレスも、ビビッドなカラーで辛口に着こなすことで、甘さがほどよく緩和され大人仕様になります。

Sweet

色鮮やかなキルティングバッグを主役にしたコーディネート。洋服の色を淡いトーンでまとめてバッグの存在感を引き立てるのがポイント。

Cool

フェミニンなスタイルが得意なウェーブタイプの方も、ブルー系のパンツスタイルならクールな印象に。グラデーション配色でまとめるとすてきです。

かけ合わせ例
サマー×ナチュラル

ラフ&カジュアルなアイテムをつかった、涼しげで清楚な色づかいのファッションが似合います。

ナチュラルタイプは素朴さを感じさせるアイテムが多いですが、エレガントなイメージのサマータイプの色（32ページ参照）で着こなすことで、大人の魅力溢れる「洗練カジュアル」になります。

逆に、キュートな雰囲気にしたいときには、シトラスイエローやベビーピンクのギンガムチェックのシャツがつかえます。

ボトムにはグレーミストなどの軽やかな色を合わせれば、爽やかながら甘さもあるカジュアルスタイルがつくれます。

おすすめアイテム

ダークブルーシャドー×ポンチョコート

カジュアルなポンチョコートも、サマータイプのクールな大人カラーで着こなせば、都会的な洗練スタイルに。カジュアルはもちろん、きれいめコーデにもつかえる一着。

ブルーリボン×タートルネックニット

シルバーのロングネックレスを合わせれば、スモーキーなブルーカラーの品格がさらに際立ちます。

グレーミスト×コーデュロイパンツ

どんなトップスにも馴染む万能アイテム。こなれたカジュアルスタイルにおすすめ。

Dress

水彩画のようなやわらかなタッチの花柄はナチュラルタイプにおすすめ。ラフなシルエットのドルマンスリーブのドレスも華やかな印象になります。

Sweet

ゆったりシルエットのマキシワンピには、大振りのストールをボリュームたっぷりに巻きつければこなれた印象に。ストールは長く垂らしてもOK。

Cool

カジュアルなコーディネートもグレー系のグラデーション配色でまとめれば都会的な洗練スタイルに様変わり。ぜひとり入れたいテクニック。

かけ合わせ例

オータム×ストレート

シンプル&ベーシックなアイテムをつかった、落ち着いた深みのある色づかいのファッションが似合います。

ストレートタイプは真面目さや硬さを感じさせるアイテムが多いですが、大人っぽいイメージのオータムタイプの色(34ページ参照)で着こなすことで、正統派かつリッチ感のある着こなしになります。

逆に、可愛らしい雰囲気にしたいときには、サーモンピンク、ダスティーオレンジ、パプリカなどの鮮やかな暖色をつかったIラインのカラーブロックワンピがおすすめ。

フルーティーな配色を駆使すれば、明るくチャーミングな魅力を演出できます。

おすすめアイテム

マスタード×トレンチコート

こなれたオシャレ感が出せる、こっくりした色合いのトレンチコート。オータムタイプの深みのあるオレンジ系やパープル系のマフラーやストールを合わせるとすてきです。

プラム×カラーデニムパンツ

カジュアルなカラーデニムも、大人リッチなカラーで着こなせば新鮮な印象に。

バニラホワイト×シャツ

ベージュを含んだ暖かみのある白シャツは、肌を陶器のように美しく見せてくれます。素材は上品な艶のあるシルクがおすすめ。

Dress

赤色を着るならドレスが断然におすすめ。ほかの色と組み合わせるよりも、大胆に一色で着こなしたほうが気品のある美しさが際立ちます。

Sweet

男性のスーツスタイルを思わせるクールなストライプ柄がかっこいい、マニッシュなセットアップコーディネート。小物づかいで華やかさを加えると◎。

Cool

ハイブランドのスカーフを思わせる柄シャツは、高級感のあるアイテムが得意なストレートタイプにおすすめ。ボトムはあえてカジュアルにしたほうがオシャレ。

かけ合わせ例

オータム×ウェーブ

フェミニン&ボディコンシャスな（身体のラインを強調するような）アイテムをつかった、落ち着いた深みのある色づかいのファッションが似合います。

ウェーブタイプはソフトなイメージのアイテムが多いですが、重厚感を感じさせるオータムタイプの色（34ページ参照）で着こなすことで、艶っぽいゴージャスな印象になります。

逆に、清楚な雰囲気にしたいときには、ナイルブルーやティールブルーのAラインワンピがおすすめ。着丈はヒザ下丈で控えめな印象に。アクセントにパールのネックレスを合わせれば、品格のある「知的エレガントスタイル」がつくれます。

おすすめアイテム

バニラホワイト×ツイードジャケット

定番のツイードジャケットも、オータムタイプのほんのりとベージュを含んだ暖かみのある白で着こなせば、ピュアなやわらかさに。

カッパーレッド or アゲット×ワンピース

大人の女性にこそ似合う、深い味わいの赤色は、大胆に一枚で着るのが正解。ブラウン系の毛皮を羽織ればさらにリッチな印象に。

ミストグリーン or バジル×シフォンブラウス

フェミニンなシフォンブラウスも、ニュアンスのあるグリーン系で着こなせば渋みが加わり新鮮な印象に。

Dress

キュートなAラインドレスは、深みのあるグリーンで着こなせば優雅な印象になります。大人可愛い着こなしはシックなカラーで甘さを抑えるのがコツ。

Sweet

レース素材のカーディガンとタイトスカートのセットアップでエレガントに。それぞれ単品でもつかえる着回しができるものを選びましょう。

Cool

ギャザーがたっぷりのオフショルダーのトップスに花柄のクロップドパンツを合わせたスイートなコーディネート。辛口なカラーで大人っぽく。

かけ合わせ例

オータム×ナチュラル

ラフ&カジュアルなアイテムをつかった、落ち着いた深みのある色づかいのファッションが似合います。

アースカラー（大地の色、空・海の色、草木の色などの自然がもつ色合い）が多く、豊かな自然をイメージさせるオータムタイプの色（34ページ参照）。この色で着こなすナチュラルタイプのファッションは、まさに〝ザ・ナチュラル〟。野性味のある大人の女性の色気を感じさせます。

逆に、華やかな雰囲気にしたいなら、パプリカ、ティールブルー、プラムなどのマキシワンピに、ブロンズやエスニック調のアクセサリーでモダン&オリエンタルな着こなしを。

おすすめアイテム

オリーブ×ミリタリージャケット

この一着さえあれば、どんな着こなしもミリタリー風に様変わり。パンツにもスカートにもワンピにも幅広く合わせられます。

パプリカ×ヒザ下丈ストレートスカート

ときにはフルーティーなカラーボトムでフレッシュな印象のオシャレを。トップスの色はベージュ系が馴染みやすくおすすめ。

バニラホワイト×ローゲージニット

カジュアルなざっくりニットも、ほんのりベージュを含んだ白色で着こなせば、上品なぬくもりを感じさせる優しい着こなしに。

Dress

ストンとしたゆったりシルエットのドレスにはボリューミーなロングネックレスが好相性。ドレスは個性的な色を選んだほうがオシャレに見えます。

Sweet

色鮮やかなカラーボトムは、オシャレ上級者を印象づけるインパクト大のアイテム。ボトム以外をベーシックカラーで統一すれば着こなすのは意外と簡単。

Cool

サロペットとロングカーディガンのボーダーの色を揃えることで、全体に統一感が出て洗練された印象に。きれいめカジュアルは色数を抑えるのがコツ。

かけ合わせ例

ウインター×ストレート

シンプル&ベーシックなアイテムをつかった、シャープ・クリアで大胆な色づかいのファッションが似合います。

ストレートタイプは真面目さや硬さを感じさせるアイテムが多いですが、ウインタータイプの色で（36ページ参照）着こなすことで、クールで都会的な印象になります。

逆に、ソフトな雰囲気にしたいときには、パールピンク、モーニングミストなどのアイシーカラー（原色に白を加えてごく薄くした色）のトップスに、スノーホワイトやシルバーグレーのボトムを合わせたコーディネートがおすすめ。まるで砂糖菓子のようなスイートな雰囲気を演出することができます。

おすすめアイテム

ミステリアスブラック×レザーコート

ハンサムな中にもほどよく色気が漂うのがブラックレザーの魅力。定番のコートなら長く着られるので、ぜひ艶のある上質な本革を。

スノーホワイト×デニムパンツ

ホワイトデニムは、どんなトップスとも相性がよく、爽やかなコーディネートを完成させてくれる万能アイテム。

フューシャ or チェリーピンク×Iラインワンピ

人目を惹くドラマチックなウインターカラーは、一枚で大胆に着こなすのが正解。ラインの美しさにこだわったシンプルな一着を。

Dress

シンプルなドレスはシルエットにこだわりを。ハリのある上質な素材とほどよいフィット感で身体のラインを美しく見せてくれる極上の一着を選んで。

Sweet

レザーのタイトスカートは女を格上げしてくれるアイテム。全身をダークカラーでまとめるとハンサムな魅力が際立ち、洗練された印象になります。

Cool

クールなパンツスタイルも淡いトーンでまとめればフェミニンな印象に。バッグや靴などワンポイントをアクセントカラーにしてもすてきです。

かけ合わせ例
ウインター×ウェーブ

フェミニン&ボディコンシャスな（身体のラインを強調するような）アイテムをつかった、シャープ・クリアで大胆な色づかいのファッションが似合います。

ウェーブタイプはソフトなイメージのアイテムが多いですが、ドラマチックなイメージのウインタータイプの色（36ページ参照）で着こなせば、艶やかな攻めコーデをつくれます。

逆に、優しい雰囲気にしたいときには、スノーホワイト、シルバーグレー、チャコールグレーをつかったグラデーション配色のコーディネートがおすすめ。トップスはブラウスにカーディガン、ボトムはやわらかなプリーツスカートを選べば控えめな上品コーデに。

おすすめアイテム

チャコールグレー×毛皮のコート

ゴージャスな毛皮のコートも、プレーンな印象のチャコールグレーを選べば、さまざまな着こなしに合わせやすくなります。

シルバーグレー×タイトスカート

さまざまな色のトップスによく合う万能ボトム。シンプルなアイテムだからこそ、シャイニーな光沢を放つ華やかな素材を選んで。

オーキッド and カメリアピンク×ツイードのワンピース

ピンクの濃淡が織りなすツイードがキュート。甘いエレガントスタイルがつくれます。

Dress

背中に大胆なVカットが入ったドレスが似合うのは、くっきりとした肩甲骨をもつウェーブタイプ。艶やかな後姿で周囲をはっとさせる美しさを演出。

Sweet

タックドスリーブのブラウスにコクーンスカートを合わせたお嬢様スタイル。甘くなりすぎないようビビッドカラーをとり入れるのが大人流の着こなし。

Cool

カジュアルなオールインワンコーデもシャイニーな素材で着こなせばフェミニンな印象に。ほどよいリラックス感がこなれた雰囲気を演出してくれます。

かけ合わせ例
ウインター×ナチュラル

ラフ&カジュアルなアイテムをつかった、シャープ・クリアで大胆な色づかいのファッションが似合います。

ナチュラルタイプは素朴さを感じさせるアイテムが多いのですが、ドラマチックなイメージのウインタータイプの色(36ページ参照)で着こなすことで、クールでインパクトのあるモードカジュアルになります。

逆に、甘い雰囲気にしたいときには、パールピンク、クリスタルグリーンなどのアイシーカラー(原色に白を加えてごく薄くした色)の透かしニットがおすすめ。インナーやボトムも淡いトーンで統一すれば、ピュアな印象のスイートカジュアルがつくれます。

おすすめアイテム

チャコールグレー×ムートンコート

カジュアルなムートンコートも、チャコールグレーを選べば、きれいめな印象に。洗練されたカジュアルスタイルがつくれます。

シルバーグレー×麻のパンツ

素朴な印象の麻のパンツも、シルバーグレーで着こなせば、クールビューティーなカジュアルスタイルに様変わり。

ラピスラズリ×タートルネックニット

どこか高貴な印象のあるラピスラズリをとり入れるなら、タートルネックニットで知的に着こなすとすてきです。

Dress

リラックス感のあるマキシ丈ドレスには、オリエンタルな雰囲気の小物を合わせると個性的なセンスが光る着こなしに。天然石や刺繍をつかったものを選んで。

Sweet

シワ感のある麻や綿素材でできたロングスカートは、できるだけボリューミーなシルエットを選ぶと垢抜けた印象に。足元はペタンコ靴が好相性。

Cool

ロング丈のジャケットをラフに着崩したコーデ。マチなしのビッグトートバッグとメンズ用の腕時計を合わせてマニッシュにきめるとかっこいい。

〝自分軸〟のある洗練ワードローブのつくり方

ここまで12パターンのファッションについて解説をしましたが、いかがでしたか。

ぜひおすすめの活用法（79ページ参照）を実践して、「自分色」と「自分シルエット」を自在に組み合わせられるようになりましょう。

これができるようになると、理想のワードローブがつくれます。

理想のワードローブとは？

購入するアイテムは最小限。それでもマンネリにならない着こなしを楽しめるラインナップがクローゼットに揃っていたら、最高の気分になれますよね。

つかえる予算にも、クローゼットの収納スペースにも限りがあるのが現実。でもオシャレは存分に楽しみたい！　という欲張りなわたしたちの願いをかなえてくれるのが、理想のワードローブです。

そのためには、〝自分軸〟を明確にし、ファッションの方向性をはっきりさせた上でワードローブをつくることが大切です。

自分軸が曖昧なままだと、その時々の気分や流行に振り回されてしまい、ちぐはぐなワードローブになりがちです。

店員さんや一緒に買い物に行った友達にのせられてつい購入してしまい、一度も着ないまま処分することになったり……。

コラージュづくりの準備

* ハサミ or カッター
* ノリ or マスキングテープ
* スケッチブックなどの大きめのノートや台紙
* 好みの雑誌（できれば３冊以上）

を用意します。

収納しきれないほど服が溢れているのに、着ていくものが見つからないという悲惨な状況に陥ってしまう可能性もあります。

方向性を見つけるための「コラージュ」

自分軸がよくわからないという人は、一度コラージュを作成してみるのがおすすめです。「なりたい自分」をできるだけリアルにイメージしながら、どんなコーディネートがふさわしいのか、自由な気持ちでファッション誌を切り抜いてみてください。

もちろん「自分色」と「自分シルエット」をとり入れながら！

切り抜きを大きめのノートや台紙に貼りつければ、あなたのなりたいイメージをビジュアル化したコラージュの完成。ファッションの方向性も自ずと定まってくるはずです。

コラージュづくりのポイント

ファッション誌を見ると、「自分色」と「自分シルエット」の組み合わせにぴったり当てはまるコーディネートは、あまり載っていないことに気づくと思います。

そこで、まずは「自分シルエット（自分の骨格タイプ）」に当てはまるコーディネートを探し、その中から気に入ったものを切り抜いてみましょう。

「自分シルエット」と完璧に一致したファッションアイテムでなくても問題ありません。

たとえばトップスのネックラインだけが「自分シルエット」の条件に当てはまらない場合は、切り抜きをノートに貼ったあとで、「ここは縦のVネックに」などと書き込んでおけばいいのです。

「自分色」についても同様。ノートに貼った後に、色を変更したい部分（トップスもしくはボトム）に矢印を入れ、「〇〇色に」などと書き込みます。

色をイメージしにくければ、「自分色」がつかわれているほかのコーディネートを丸く切り抜き（アイテムの形を無視し、つかいたい色の部分だけ切りとる）色の見本として貼りつけておくとわかりやすくなります。

「自分色」については、Ｃｈａｐｔｅｒ２のパーソナルカラーのパレット（30、32、34、36ページ）で、実際に色を確認しながら進めてくださいね。

コラージュにはキーワードを添える

そしてコラージュが完成したら、思い浮かんだイメージを複数のキーワードに落とし込んでみてください。

たとえば「凛とした」「透明感のある」「知的な雰囲気」などです。

ビジュアルイメージを言葉に変換することで、目指していきたい方向性をさらに研ぎ澄ますことができます。

あとは、書き込んだキーワードにふさわしい自分を目指すのみです。

ショッピングの際にも、キーワードをイメージしながらアイテムを選べば、統一感のある、洗練されたワードローブがつくれるようになります。

コラージュづくりは手間がかかるけれどその効果は絶大です。ぜひ楽しみながらとりくんでみてくださいね。

Column
Chapter 4

ショッピングで失敗しないための３つの心得

ショッピングはとっても楽しいひととき。でも、いざ家に帰って冷静になってみたら「これは買わなくてもよかったかも」などと後悔することもありますよね。

ここでは「本当にいい買い物をした！」と心から満足できるショッピングをするための大事なポイントをお伝えしたいと思います。

まずショッピングに出かける際の服装。これは、自分に似合ったお気に入りのコーディネートできめていくことが大切です。

なぜなら、どうしてもほしい好みのアイテムを見つけてしまうと、似合っているかどうかの判断基準がつい甘くなってしまうものだからです。「自分色」＆「自分シルエット」の似合う服を着ていれば、それが〝モノサシ〟になります。

ショッピングで失敗しない心得の２つ目として、買い物へは、基本的にひとりで行くことをおすすめします。

自分ひとりであれば、同じアイテムもサイズや色違いを揃えて納得がいくまで試着を繰り返したり、気になったお店に再度戻ったりと、マイペースに行動することができるでしょう。

そして最後にもうひとつ大事なことを。少しでも心に引っかかる点があったら、いったん買うのをやめることをおすすめします。

どんなに似合っていても、改めて考えてみたら、「似たような服をもっている」「手もちのアイテムと合わない」「値段ほどよくは見えない」「着る機会が思い浮かばない」などの理由で、今の自分には必要のないアイテムということもあり得るからです。

Chapter 5

もっと知りたい！
「自分シルエット」
の応用編

出来・不出来がもろに出るワンピースの選び方

ワンピースはトップスとボトムの組み合わせを考える必要のない、「一枚で完結する」便利なアイテム。

いつもよりオシャレにきめたいときはもちろん、最近は洗濯機で洗えるお手頃価格のワンピースも充実し、普段づかいできるアイテムとしても人気が高まっていますね。

ただワンピースは特に、「自分色」と「自分シルエット」で着こなすことが重要です。なぜなら、似合っているかどうかがはっきりと表れてしまう、ごまかしのきかないアイテムだから。

一枚で完結するということは、コーディネートの出来・不出来がひと目でわかってしまうことを意味するからです。

ワンピースを購入するときは特に、「自分色」と「自分シルエット」に近いものかどうかを確認してくださいね。

似合うワンピースの条件とは？

ちょっと待って。３つの骨格タイプ別のトップスやボトムの選び方はＣｈａｐｔｅｒ４でわかったけれど、ワンピースはどうやって似合うものを選べばいいの？　と感じた人もいるでしょう。

Color & Silhouette lesson

ワンピースのシルエット

1

2

3

4

5

6

1 Aライン（シルエット）
2 Iライン（シルエット）
3 ラップワンピース
4 シャツワンピース
5 オフタートルニットワンピース
6 コクーンワンピース

そこで、この項目では「自分シルエット」に合ったワンピースを選ぶポイントを紹介します。

「自分シルエット」のワンピースを選ぶには、これまでと同じく似合う〝素材の質感〟と〝形〟に当てはまっているかどうかで判断していきます。〝形〟については、似合うトップスとスカートの組み合わせをワンピースに置き換えて解釈します。

ただ例外的に、袖の〝形〟に関しては、ワンピースのときのみノースリーブが全タイプ（ストレート・ウェーブ・ナチュラル）ＯＫになります。

自分なりのモノサシをつくる

慣れないうちは難しいと思うので、骨格タイプ別に似合うワンピースについて簡単に左ページにまとめます。

素材やデザインについては、代表的な例を挙げましたが、もちろんこの限りではありません。「このワンピースは自分シルエットに当てはまる？」と迷った場合には、試着のコツを紹介したｃｏｌｕｍｎ（59、67、75ページ）を確認してください。

「自分シルエット」の服ばかりを着るようになると、自分に似合っているときの見え方に目が慣れてきます。

つまり目が肥えて「自分シルエット」でない服を試着したときには一瞬でわかるようになるということ。自分なりの判断基準やモノサシといったものがだんだん形づくられていきます。

少しずつ見る目を養っていくようにしたいですね。

各骨格タイプが得意なワンピースのシルエット

	ストレートタイプ	ウェーブタイプ	ナチュラルタイプ
ライン	Iライン	Iライン Aライン	Iライン Aライン（マキシ丈）
着　丈	ヒザ上丈 ロング丈 マキシ丈	ミニ丈 ヒザ下丈 セミロング	ヒザ下丈 ロング丈 マキシ丈
素　材	綿 ウール デニム 厚手のシルクジャージ ハイゲージニット	ウール シフォン ナイロン ベロア ベルベット ファンシーツイード シャギーニット	麻 綿 デニム ツイード ウール フランネル ケーブルニット
デザイン	タンクワンピース シャツワンピース ラップワンピース	タンクワンピース コクーンワンピース カットソーワンピース キャミソールワンピース フレアワンピース オフタートルニットワンピース	タンクワンピース シャツワンピース フレアワンピース（マキシ丈） オフタートルニットワンピース

バリエーションがもっとも多い、ウェーブのシルエット

ウェーブタイプに似合うシルエットは、ストレートタイプやナチュラルタイプに比べて、バリエーションがとても豊富。

Chapter3で紹介した通り、ウェーブタイプは装飾のある華やかなシルエットが似合うため、似合う〝形〟については、聞きなれない名称が多かったかもしれません。そのためこの項目では、62ページに掲載したデザイン名称を図解します。

ウェーブタイプの得意なシルエット

62ページに掲載したウェーブタイプに似合う〝形〟の名称をまとめると、次の通りです。

・袖のタイプ

フレンチ、パフ、ペタル、ベル、タックド　など

・ネックラインのタイプ

ボートネック、ホルターネック、オフショルダー、オフタートルネック、カシュクール、タックドネック、フリルカラー、ドレープカラー　など

・スカートのタイプ

タイト、フレア、プリーツ（プリーツ幅が細いもの）、マーメイド、ティアード、コクーン、ハイウエスト　など

ウェーブタイプの得意な袖

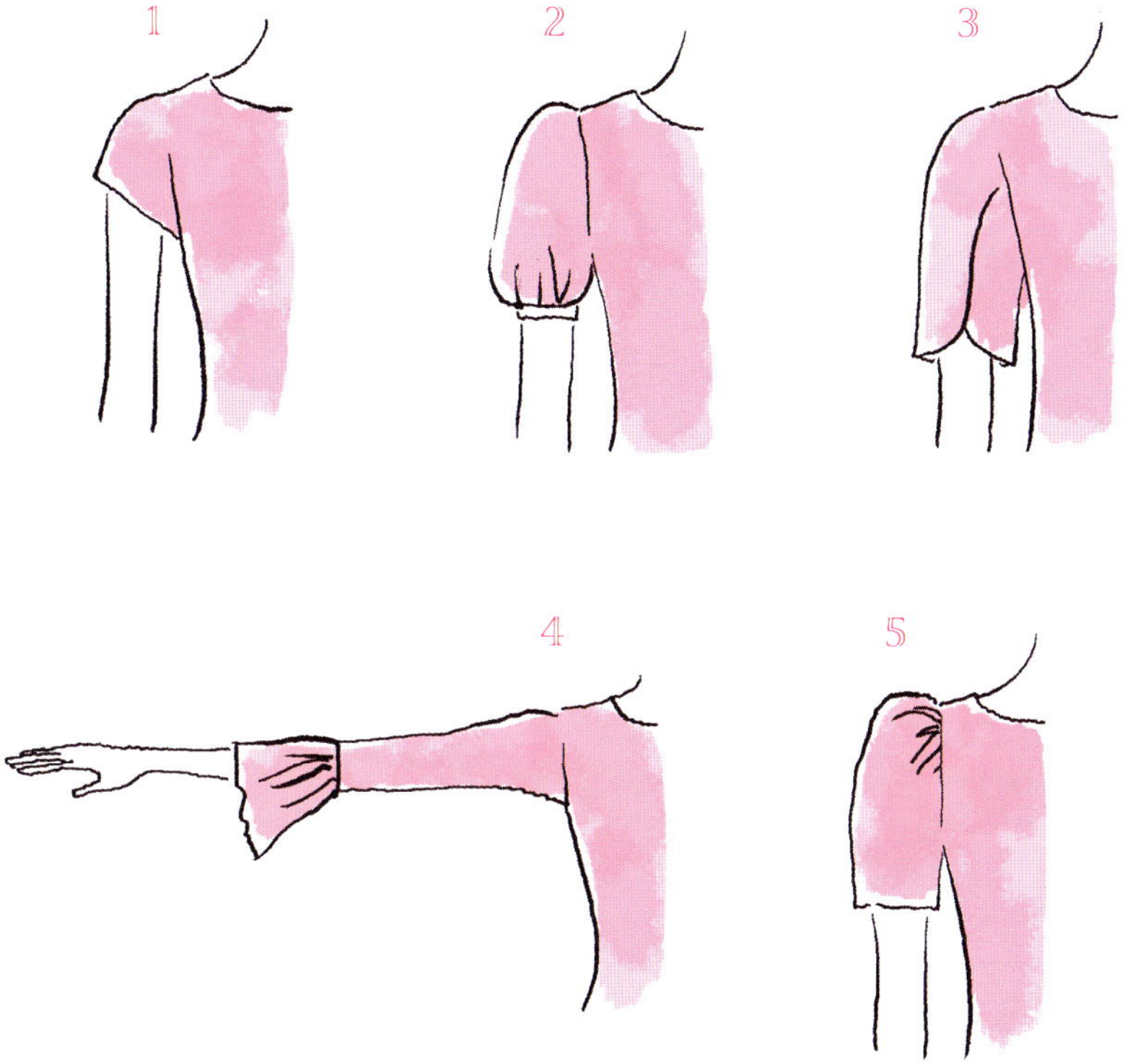

1 フレンチスリーブ
2 パフスリーブ
3 ペタル・スリーブ
4 ベル・スリーブ
5 タックドスリーブ

ウェーブタイプの得意なネックライン

1

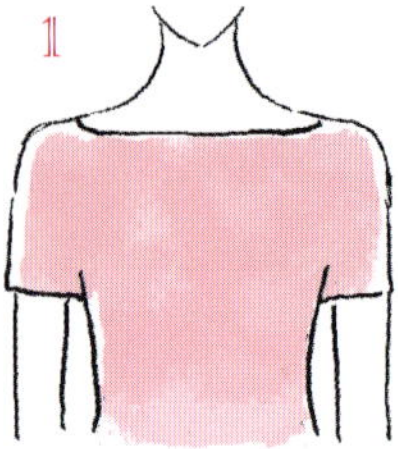

2

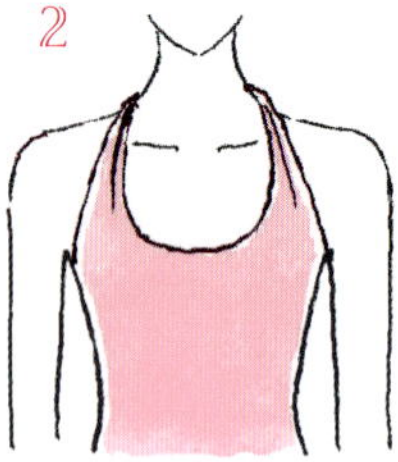

3

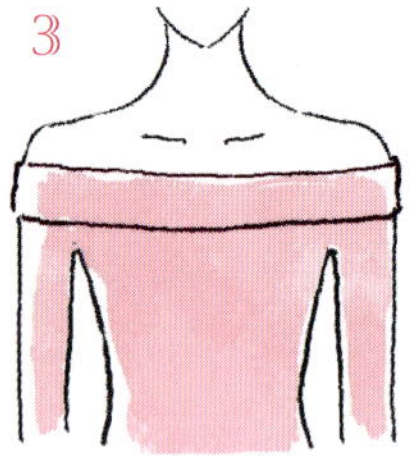

4

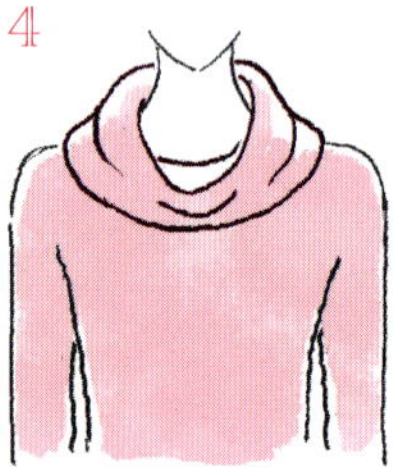

5

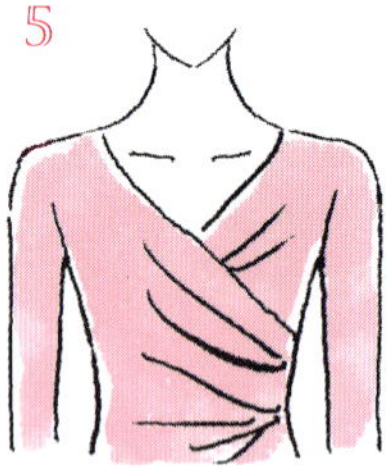

6

7

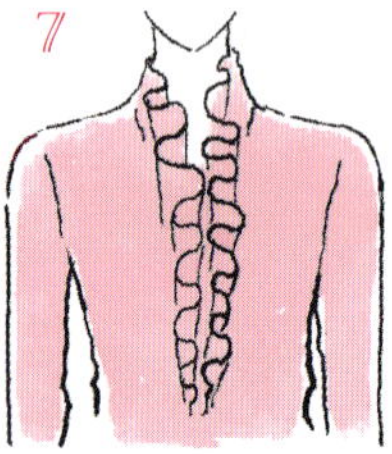

8

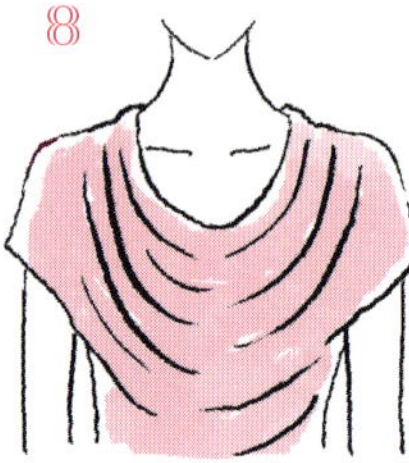

1 ボートネック
2 ホルターネック
3 オフショルダー
4 オフタートルネック
5 カシュクール
6 タックドネック
7 フリルカラー
8 ドレープカラー

ウェーブタイプの得意なスカート

1

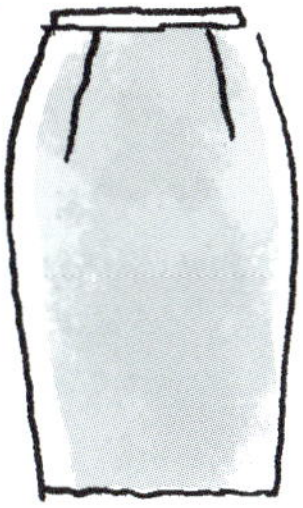

2

3

4

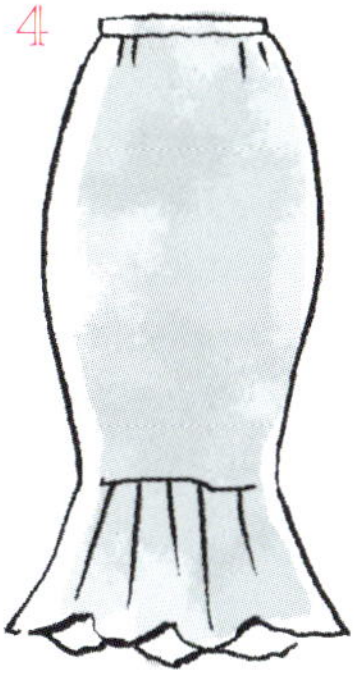

5

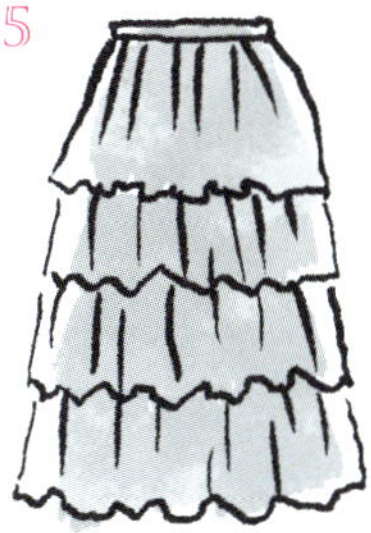

6

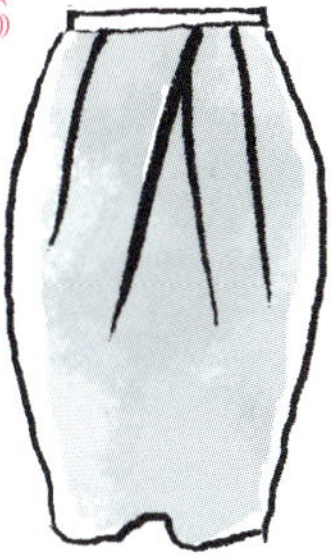

7

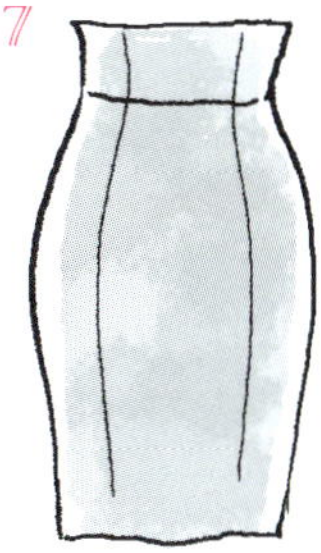

1 タイトスカート
2 フレアスカート
3 プリーツスカート
4 マーメイドスカート
5 ティアードスカート
6 コクーンスカート
7 ハイウエストスカート

骨格タイプによって「似合う靴」も違う？

「オシャレは足元から」という表現もあるくらい、靴はおろそかにできないファッションアイテムのひとつ。

ここまで骨格タイプについての知識をとり入れてきたあなたなら、「わたしの骨格タイプが得意な靴のデザインって……？」と疑問を抱いているかもしれません。

そうなのです。靴も骨格タイプによって似合う素材や形が異なるのです。

ストレートタイプに似合う靴

・王道はヌーディーカラーのパンプス

ストレートタイプのコーディネートに合わせやすい靴といえば、やはりパンプスが王道。ベーシックなデザインで、色はベージュやグレージュなどのヌーディーカラーがおすすめです。

ストレートタイプに似合うシンプル＆ベーシックな着こなしによく合い、着回しもききます。ぜひ高級感のある本革の一足を選んでください。

また、オンナ度を高めにしたいときには、ピンヒールを選ぶといいでしょう。

・ブーツを選ぶとき

ブーツを選ぶならブーティーやショートブーツを。

ストレートタイプは脚のヒザ下部分のラインがすらりとしているので、よく似合います。脚が短く見えそうで苦手という人もいますが、タイツと靴の色を合わせればスッキリ着こなせます。

ただし、無難だからと黒タイツに黒ブーツを合わせてしまうと、わるくはないのですが少し重たい印象になりがち。それよりも、グレー、ボルドー、ネイビーなどニュアンスのあるダークカラーなら、「抜け感」が出てグンとオシャレに見えます。

・気分を変えたいとき

ストレートタイプの人がカジュアルなコーディネートに合わせるなら、ローファーやスニーカーがおすすめです。

いずれもシンプルなデザインで、本革など高級感のある素材を選ぶのがポイントです。

ウェーブタイプに似合う靴

・王道は華やかなパンプス

ウェーブタイプのコーディネートに合わせやすい靴といえば、ベーシックなパンプスやピンヒールのパンプス。素材はエナメル、スウェード、ツイード、グリッター素材などの華やかなものがおすすめです。

素材によってイメージががらりと変わるので、いろいろと試し履きをしてみてください。リボン、ファー、コサージュ、ビジューなどがついたものも似合いますが、そこは年齢とのバランスを考えてとり入れましょう。

・ブーツを選ぶとき

ブーツを選ぶなら定番のロングブーツがおすすめ。ウェーブタイプのすらりとした太ももによく似合います。

ブーティーやニーハイブーツも似合いますが、トレンドや合わせるボトムとの相性で選ぶようにしましょう。

逆に苦手なのはウエスタンブーツやムートンブーツなどのカジュアル感の強いもの。

・気分を変えたいとき

ペタンコ靴を履きたいときには、バレエシューズがおすすめです。

ラウンドトゥ（丸みを帯びた緩やかな曲線を描くつま先）なら可愛らしい印象に、アーモンドトゥ（アーモンドのようにほっそりしたつま先）や、ポインテッドトゥ（先端が細く尖っているつま先）ならクールな印象になります。

またコーディネート全体のアクセントとして、ヒョウ柄などの柄物のバレエシューズをとり入れるのもおすすめ。面積が小さいので派手な印象にはならず、オシャレにまとまります。

ナチュラルタイプに似合う靴

・王道はマットなパンプス

ナチュラルタイプのコーディネートに合わせやすい靴としては、プレーンなパンプスが重宝します。素材はマットな質感の本革がおすすめ。

パンツスタイルがメインという人には、ローファーがおすすめです。ベーシックな一足があれば幅広くつかえて便利です。

・ブーツを選ぶとき

ブーツを選ぶならウエスタンブーツ、ムートンブーツ、エンジニアブーツがよいでしょう。ナチュラルタイプの人が得意のカジュア

ルな着こなしやメンズライクな着こなしによく合います。

きれいめの着こなしに合わせるならブーティーもＯＫ。

・気分を変えたいとき

また、ゆったりとしたリラックスコーデに合わせるなら、スリッポンスニーカー（スリッパのように足を滑り込ませて履く靴）やモカシン（一枚革でつくられたスリッポン形式の靴）を。

歩きやすい上に見た目もオシャレな優れものです。

履きこなすポイントは、中の靴下を見せないこと。素足で履いた感じのラフさがこなれたオシャレな印象をつくるので、パンプス用の浅いソックスなどをうまく活用してくださいね。

Column
Chapter 5

ワンランク上の
オシャレ上手になるには

「ワンランク上のオシャレ」と聞くと、つい人とは違う個性的なアイテムをとり入れなければと考えてしまいがちですが、ベーシックなアイテムだけで十分。

なぜならすてきな印象というのは、全体の調和から生まれるものだからです。

個々のアイテムのディテールにまでは、意外と目が行き届かないもの。だからこそ、身につけているのはごく普通のアイテムでも、その組み合わせ次第でいくらでもすてきなコーディネートはつくれるということです。

また「外しコーデ」という言葉がありますよね。

「上品コーデを足元で〝外す〟」などのテクニックが紹介されているのを目にしたことがある人も多いでしょう。これはスパイスとしてほんの一部を「外す」からこそ、意外性のあるこなれたオシャレ感を演出できるというもので、じつはかなり難易度の高いテクニック。

たとえばフェミニンなワンピースにスニーカーを合わせるなど、意外性のあるコーディネートがファッション誌で紹介されていることがあります。

でもこれらは、スタイル抜群のモデルさんとプロのスタイリストがタッグを組んでいるからこそ「なんとか」着こなせている、という場合も少なくないのです。つまり難易度の高い「外しコーデ」には、無理に挑戦する必要はないということです。

まずはひとつのコンセプトを軸に、調和のとれたコーディネートをつくるという王道のやり方が、ワンランク上のオシャレ上手になる近道です。

骨格タイプ別！苦手アイテムのとり入れ方

ここまで、骨格タイプごとに似合うファッションアイテムがあり、それをつかむことが大切だとお話ししてきました。

でもその一方で、ルールに縛られすぎてしまうと、本来楽しいはずのオシャレが退屈なものになってしまうこともあります。買い物に出かけても、「柄が気に入ったけれど、わたしの骨格タイプが得意な形じゃない」などと諦めることが増えるかもしれません。

トレンドやＴＰＯに合わせるために

骨格診断の理論上では苦手とされるアイテム……たとえば、「引き算」のオシャレが得意なストレートタイプの人が、ウェーブタイプのように装飾豊かな「足し算」のオシャレを楽しみたい場合。

あるいはそれが今シーズンのトレンドの場合。ついとり入れたくなってしまいますよね。

ラフな着こなしが得意なナチュラルタイプの人がオフィシャルな場面できちんと感を出したいこともあるでしょう。

それに、大人の女性なら〝似合う〟よりも〝ＴＰＯ〟を優先すべきときだって当然あります。

そこでここでは、異なる骨格タイプのアイテムのとり入れ方について解説していきます。

ストレートタイプが苦手アイテムに挑戦

ストレートタイプの人が得意なアイテムは、存在感がありしっかりしているもの、厚みとハリのあるもの、高品質なもの、さらにジャストサイズで余計な装飾がないシンプルなもの。

けれど、フェミニンなアイテムや、ラフな感じのアイテムに挑戦したいときは、どのような点に注意したらよいでしょうか。

「ウェーブ」のアイテムをとり入れたいとき

ストレートタイプの人が「ウェーブ」のアイテムをとり入れると、着太りをしてオバサンっぽい印象になったり、痛々しい若づくりに見えたりしがち。

ウェーブタイプが得意な、やわらかな素材でできた装飾性の高いアイテムは、ストレートタイプの存在感のある身体には不釣り合い。身体の厚みやハリ感を必要以上に強調してしまいます。

ストレートタイプの人が、ウェーブのアイテムをとり入れる際には、いかに身体を肉感的に見せず、スッキリとした印象にまとめられるかに注力すること。

たとえばツイードのジャケットを着たければ、ハリのあるしっかりとしたツイード素材

フェミニンなアイテムや、
ラフな印象のアイテムに
挑戦したいときは……

のもので、形は丸襟のノーカラージャケットではなくテーラードジャケットを選ぶなどです。

〝素材の質感〟と〝形〟を、できるだけストレートタイプに似合うものに近づけ、スッキリと見せるのがコツです。

「ナチュラル」のアイテムをとり入れたいとき

ストレートタイプの人が「ナチュラル」のアイテムをとり入れる場合は、きれいめのカジュアルスタイルを目指すとよく似合います。

ポイントは〝サイズ感〟と〝素材の質感〟です。

オーバーサイズ気味のラフな着こなしではなく、ジャストサイズを選ぶこと。

またざっくりとしたローゲージニットや麻などのシワ加工のある素材は、さすがに素朴な印象が強すぎるので避け、あくまで上質な素材を選ぶことです。

たとえばドルマンコートなら、ボリュームを抑えたシルエットのもので、上質なウール生地でできたものを選ぶといった具合。きれいめのカジュアルを目指しましょう。

ウェーブタイプが苦手アイテムに挑戦

ウェーブタイプの人が得意なアイテムは、やわらかいもの、透けるもの、伸びるもの（ストレッチ素材）で、身体にフィットするシルエットやエアリーなシルエットのもの。

けれど、シンプル＆ベーシックなアイテムを着たいときや、ラフな感じのアイテムに挑戦したいときは、どのような点に注意したらよいでしょうか。

「ストレート」のアイテムをとり入れたいとき

ウェーブタイプの人が「ストレート」のアイテムをとり入れると、制服のような堅苦しい印象になったり、地味で物足りない印象になりがち。

それはウェーブの特徴である長い首や、首から肩にかけてのなだらかなライン、薄い身体などの要素が、ストレートに似合うシンプル＆ベーシックなアイテムを着ることで「貧相」に見えてしまうから。

ただ「ストレート」のアイテムの〝素材の質感〟のみなら、比較的とり入れやすいです。

たとえば、ストレートタイプが得意なハードな素材であるレザーを着たければ、ウェーブタイプの特徴のひとつである、すらりとした太ももを見せるミニスカートを選ぶ。

シンプル＆ベーシックな
アイテムや、
ラフな印象のアイテムに
挑戦したいときは……

カシミヤを着たければ短めのカーディガンにして、なるべく胸元が寂しくないデザインを選ぶなどです。

〝素材の質感〟は苦手なものでも、ウェーブタイプが得意な〝形〟で似合わせるのがポイントです。

「ナチュラル」のアイテムをとり入れたいとき

ウェーブタイプの人が「ナチュラル」のアイテムをとり入れると、ゆったりとした服の中で、華奢な身体が遊んでしまい、だらしなく見えたり、「服に着られている」印象になりがち。

ただ、数は少ないですがアイテムによってはとり入れられるものもあります。たとえばポンチョ。ウェーブタイプに似合うファー素材でできた、コンパクトなシルエットのポンチョならきれいに着こなせます。

〝素材の質感〟と〝形〟の両方をウェーブに似合うものに近づけることで、ラフ感を抑えられるのです。

フェミニンなイメージに変わるアイテムなら、うまく似合わせることができます。

ナチュラルタイプが苦手アイテムに挑戦

ナチュラルタイプの人が得意なアイテムは、天然・素朴・ナチュラルな印象のもの、カジュアルやラフな感じのもの、長め・大きめ・太めにつくられたシルエットなどです。

けれど王道のベーシックなアイテムを着たいときや、フェミニンなアイテムに挑戦したいときは、どのような点に注意すればよいでしょうか。

「ストレート」のアイテムをとり入れたいとき

ナチュラルタイプの人が「ストレート」のアイテムをとり入れるときは、どこかをラフに着崩すことが大切です。

たとえば、シンプル＆ベーシックなファッションには、ざっくりとしたロングマフラーを足すことで、コーディネート全体にラフ感を加える。あるいはあえてワンサイズ大きめのアイテムを選ぶなどです。

ナチュラルタイプは身体のフレームがしっかりとしているので、ジャストサイズのきちんとした着こなしをすると、男性的なかっこいい印象になり、女性らしさが損なわれがち。

小物づかいやサイズ感のアレンジで、こなれた女性らしさ・大人の色気を引き出すことが、ストレートのアイテムを着こなすためのポイントです。

王道のベーシックな
アイテムや、
フェミニンなアイテムに
挑戦したいときは……

「ウェーブ」のアイテムをとり入れたいとき

ナチュラルタイプの人が「ウェーブ」のアイテムをとり入れようとすると、身体のフレーム感が目立って逞しい印象になってしまいがちです。

ウェーブタイプのアイテムをとり入れる際には、「ゴツイ感じ」に見えないよう気をつけましょう。

たとえばツイードのジャケットを着たければ、素材は素朴な質感のざっくりとしたツイードのもので、形は丸襟ではなくVカラーのノーカラージャケット、着丈は長いものを選ぶなどするとよいでしょう。

着丈が長ければ、全身のバランスがとりやすくなるからです。

〝素材の質感〟と〝形〟を、できるだけナチュラルタイプが似合うものに近づけ、ナチュラルタイプの特徴のひとつである「身体のフレーム感」を目立たせないのがコツです。

Column
Chapter 5

色とシルエットを基準に「流行もの」に挑戦

一貫したスタイルのある着こなしは、自分なりの価値観をもっていることの表れでもあり、周囲には安定感のある印象を与えます。

ただ一方で、あまり頑なに同じスタイルを貫き続けるのも考えもの。まるで時が止まってしまったかのような時代遅れなファッションは痛々しいだけですよね。

見慣れない真新しいデザインでも「自分色」と「自分シルエット」に当てはまるものなら、ぜひチャレンジしてみてください。

トレンドアイテムは、基本的にはコーディネートの中に１点とり入れれば十分。もちろん全身をトレンドアイテムで揃えるのもわるくはないのですが、ファッション誌からそのまま出てきたような没個性なスタイルになりがちです。

それよりもいつものスタイルに、トレンド要素をほどよく加えるくらいのほうがこなれたオシャレ感が出せます。

とり入れるアイテムはなんでもＯＫですが、コーディネートが難しそうと感じるなら、服よりも小物類のほうが合わせやすく安心です。

さすがにデザインが若すぎると感じるアイテムなら、色を控えめに。モノトーン（白・黒・グレー）やベージュなどのベーシックカラーを選ぶようにしましょう。大人っぽい落ち着きが加わり、無理なくコーディネートにとり入れられるはずです。

あるいはあまりに尖ったデザインで着る勇気がないという場合、いったん購入を見送るのも手。なぜなら翌シーズン以降になると、デザインを当初よりややベーシック寄りにアレンジしたものが出てくるケースが意外と多いからです。これならとり入れやすくなりますね。

Chapter 6

さらにわたしに似合うファッションの選び方

年齢にふさわしいファッションは「余裕」から生まれる

少し前に「美魔女」という言葉が話題になりましたね。才色兼備の35歳以上の女性を表す言葉だそうですが、たしかに身の周りを見渡しても、年齢を感じさせないすてきな女性が増えていることを実感しています。

「見た目年齢」より「実年齢」が大切になることも

ただファッションに関しては、ある程度は年齢にふさわしいスタイルというのがあります。たとえ20歳の頃の体型を維持していても、実際に20歳の子と同じファッションが似合うかといえば、それはまた別の話。

「若く見えること」と「実際に若いこと」はまったく違うという認識はきちんともっておきたいところです。

そこで、アラサー世代以降は、「自分色」と「自分シルエット」にプラスしてもうひとつ、「年齢にふさわしいか」ということも意識するようにしましょう。

年齢にふさわしいファッションのコツは、余裕を感じさせることです。

「がんばってる感」を
「大人の余裕」に変えるアイテム

* 細くて華奢なピンヒール → 安定感のある太さのヒール
* 身体にぴったりとフィットするライン → ほどほどに緩みのあるライン
* 激しいダメージ加工 → 控えめなダメージ加工
* 安くて可愛いもの → 高級感のある可愛いもの
* ノースリーブのトップス → 袖がシースルー素材のトップス
* ビビッドカラーのタイツ → グレイッシュカラーのタイツ

つまりがんばってオシャレをしている印象を与えないようにすることです。なぜなら年齢を重ねるほどに、どうしても「がんばってる感」が出やすくなってしまい、これが無理して若づくりをしている印象や痛々しい印象をつくってしまうからです。

「がんばってる感」を「余裕」に変える

難しく考えなくても大丈夫。その時々の自分の年齢に合わせて、手もちのアイテムを少しずつ置き換えていけばいいのです。つまり「がんばってる感」を「余裕」に変えるアレンジをすればＯＫです。

たとえば、これまで行きつけだった20代女子御用達のショップではなく、アラサー世代向けのショップをのぞくようにするだけでも、自然にアイテムの置き換えは進められるはずです。

「今シーズンはどんなアイテムを買い足そうかな」「これはもうしばらく着ていないから処分しよう」などと、季節の変わり目などにワードローブを見直す機会があるでしょう。そんなときにぜひ、この「がんばってる感」を「余裕」に変えるアレンジをとり入れてみてください。

そうすれば今の自分の年齢にふさわしいワードローブへと、無理なく「アップデート」し続けていくことができます。

年齢にふさわしいオシャレをしながら、いくつになっても魅力的な女性を目指したいですね。

洗練された雰囲気と色気は、「ニュアンスカラー」で

「自分色」を身につけることの大切さは、これまで述べてきた通りですが、ここではちょっと視点を変えて、大人の女性だからこそ似合う「ニュアンスカラー」の魅力についてお伝えしたいと思います。

「グレージュ」「カーキブラウン」などのニュアンスカラー

ニュアンスカラーとは、何色とも表現できない微妙な色合いのこと。

よくファッション誌などで、グレーとベージュが混ざったような色を「グレージュ」、カーキとブラウンが混ざったような色を「カーキブラウン」などと呼んで特集を組んでいますが、まさにそんな曖昧な色のことです。

そしてこのニュアンスカラーは、大人の女性ならではの、主張しすぎない洗練されたファッションには欠かせない色ともいえるのです。

わかりやすい例がパリジェンヌの着こなしです。デニムにシンプルなシャツやニットを合わせた、ごく普通の着こなしなのに、なぜかとても洗練された印象に見えますよね。なにが違う

のかと観察してみると、帽子やストールのこなれた小物づかいや無造作なシャツの着崩し方などポイントはたくさんあるのですが、特に効果を発揮しているのがニュアンスカラーです。

海外のファッションをお手本にするときの注意点

しかし、パリジェンヌスタイルともいえるこのニュアンスカラーを駆使したシックな着こなしは、パリのような歴史ある建造物が立ち並ぶレトロな街並みだからこそ映えるのです。

これがたとえば東京だったら、さすがに地味すぎます。一歩間違えば、まるで枯葉のような沈んだ印象の着こなしにも見えてしまいがち。

そこでおすすめなのが、キラキラと輝くビジューネックレスやゴージャスなファーストールなどをとり入れ、パリジェンヌスタイルに華やかなリッチ感を加えるアレンジをすること。すると、ただの地味とは一線を画す、東京流の洗練されたパリジェンヌスタイルが完成します。

ニュアンスカラーが得意なタイプは？

パーソナルカラーでいうと、ニュアンスカラーが似合うのはサマータイプとオータムタイプの人です。

ニュアンスカラーのとり入れ方

ニュアンスカラーが得意なのは、サマーとオータム。

ニュアンスカラーが得意ではない、スプリングとウインタータイプの人は、それぞれのベースカラーのニュアンスカラーを顔からは遠いボトムにとり入れるのがおすすめ。

【スプリングタイプ】 オータムのニュアンスカラーをボトムに	**【サマータイプ】** ブルーベースのニュアンスカラーが得意
【オータムタイプ】 イエローベースのニュアンスカラーが得意	**【ウインタータイプ】** サマーのニュアンスカラーをボトムに

スプリングタイプやウインタータイプの人がニュアンスカラーをとり入れたい場合は、顔からは離れた位置にあるボトムでとり入れるようにしましょう。

ただし、ベースカラーは必ず揃えること。つまりスプリングタイプの人は、同じイエローベースのオータムタイプのニュアンスカラーを。ウインタータイプの人は、同じブルーベースのサマータイプのニュアンスカラーをそれぞれ選ぶのが鉄則です。

同じベースカラーの色同士なら基本的にはよく合うので、手もちの「自分色アイテム」と無理なくコーディネートできるはずです。

また、ニュアンスカラーのアイテムは、さまざまな色と馴染みやすく幅広いコーディネートでつかえるので、バッグや靴などの小物類でとり入れるのもおすすめです。

ファッションは“自信をもった者勝ち”

本書では、似合うアイテムを選ぶ上で最強の理論といっても過言ではない「自分色（パーソナルカラータイプ）」と「自分シルエット（骨格タイプ）」のつかいこなし方を紹介し、オシャレなコーディネートをつくるテクニックもたくさん紹介してきました。

万が一、本書の通り自分によく似合ったオシャレをしているはずなのに、「なんだか今ひとつかも……?」と感じることがあれば、もしかしたらその原因は、自信なさそうにしていることにあるかもしれません。

オシャレは「自信」で完成する

特に思い切ったイメージチェンジに挑戦するなど、いつもとは違う慣れない装いをした日には、「もしかしたら似合っていないんじゃないかな」などと不安になってしまうもの。

でも、そんなときこそ「今日のファッションはとっても似合っているはず!」と自分自身に暗示をかけて、あえて堂々と振る舞うくらいの心意気が大切です。

なぜなら自信がなさそうにしていることで、あなた本来の輝きもなくなってしまうからです。

ファッションは不思議なもので、多少奇抜な格好でも、本人が堂々と自信をもって着こなしていれば、案外すてきに見えてきたりするものなのです。その証拠に、海外セレブの一風変わった私服スタイルがメディアで話題になり、そのまま市民権を得てトレンドになったケースは少なくないですよね。

つまり、ある意味「自信をもった者勝ち」みたいな側面があるのがファッションなのです。だからこそ、自分が「いい」と確信したオシャレなら、自信をもって堂々と着こなしてしまいましょう。それだけですてきな印象に様変わりします。

そう簡単には自信がもてないという人は形から入るのがおすすめ。さも自信があるように振る舞ってしまえば、本当の自信はあとからついてくるものです。

まずは背筋をピンと伸ばし、姿勢をよくすることです。これは立っているときに限らず、座っているときでも同じように意識してください。

そして、自信をもつためのもうひとつの近道は、笑顔でいること。豊かな表情に、人は自然と魅力を感じるものだからです。

どんなファッションも美しい姿勢と明るい笑顔が加われば、あなたらしい魅力が伝わってずっとすてきに見えます。

だから大丈夫、本書で見つけた自分色と自分シルエットをとり入れたら、あとは明るく楽しい気持ちでいること。今よりもっと魅力的なあなたに変わっていくはずです。

おわりに

〝好き〟と〝似合う〟の両立を

若い頃、わたしは身長が高いことがコンプレックスでした。その反動からか、身長が高いことはかっこいいと思いたい一心で、テーラードのパンツスーツに太いハイヒールなど、必要以上に辛口系のファッションを好んで着ていました。

しかしショップで試着をするたび、いつもどこかに違和感を覚えていたのです。どうしても「着られている」感じがついてまわる。でも店員さんは「お客様はお背が高いのでよくお似合いです」と褒めてくれます（お仕事ですから当たり前ですね）。

そんなときに、骨格診断に出会いました。骨格診断研究家の柘植裕子先生から当時すすめられたのは、ファンシーツイードと台形ミニスカートのツーピース。「似合うわけがない、こんな可愛い服は小柄な女の子でないと着こなせない！」と激しく抵抗しました。

しかし「騙されたと思って着てごらん」という先生からの一言で、試着を決心しました。そしてその騙されたつもりで入った試着室で、わたしははじめて自分に似合う服が何かを知ったのです。

先生からすすめられた服を着てはじめて出社したときの同僚たちの驚きの表情は、二十年近くたった今でも覚えています。出てきた言葉は「こっちのほうがいい！　どうして!?」でした。

わたしがそれまで好きで着ていた服はストレートタイプのもの。ウェーブのわたしが着るとスタイルの欠点ばかり強調して長所を隠し、さらに貧相な印象になってしまう服だったのです。それがわかってからはもう二度とストレートの服は着られません。「好き」を優先しすぎてスタイルダウンするなんてバカバカしい話です。

わたしは自分の骨格タイプの服が好みではなかったので、ウェーブタイプの条件を満たしつつ甘口にならないスタイルを長年探求しました。工夫次第で骨格タイプの条件を満たしながら甘辛の調整は可能です。

また、パーソナルカラーには４つのどのシーズンのパレットにも甘口辛口、地味な色派手な色が存在します。そのため、骨格タイプによるシルエットで希望のイメージを出し切れない場合は、色で補足するとよいでしょう。さらに、直接顔にのせるメイクカラーはダイレクトに美容効果が得られますので特にとり入れていただきたいところです。

ぜひみなさまも、骨格とパーソナルカラーを自分のものにし、〝好き〟と〝似合う〟の両立を目指していただきたいと願っております。

２０１５年３月

監修者　二神弓子

骨格診断《こっかくしんだん》®と
パーソナルカラー診断《しんだん》で
見《み》つける
似《に》合《あ》う服《ふく》の法則《ほうそく》

2015年４月10日　第１刷発行
2016年９月10日　第９刷発行

監修者　二神弓《ふたかみゆみ》子《こ》
著　者　森本《もりもと》のり子《こ》
発行者　中村　誠
製版所　株式会社公栄社
印刷所　玉井美術印刷株式会社
製本所　株式会社越後堂製本
発行所　株式会社　日本文芸社
〒101-8407　東京都千代田区神田神保町１-７
TEL 03-3294-8931（営業）
TEL 03-3294-8920（編集）

Printed in Japan
112150401-112160822 Ⓝ09
ISBN978-4-537-21266-2
URL　http://www.nihonbungeisha.co.jp/

編集担当：前川

監修者

二神弓子（ふたかみ・ゆみこ）

株式会社アイシービー代表取締役。一般社団法人骨格診断ファッションアナリスト認定協会代表理事。パーソナルカラーアナリスト。イメージコンサルタント。1992年モデル事務所所属、ウォーキング、メイクアップ、セルフプロデュースを学ぶ。その後研修会社に勤める傍らカラーコーディネート、骨格診断を学ぶ。1998年独立。講師活動18年の間で約12,000名を超える指導実績を持つ。著書に『あなただけの「似合う服」に出会うための骨格診断』（すばる舎リンケージ、山崎真理子著、二神由美子名義で監修）などがある。

著者

森本のり子（もりもと・のりこ）

一般社団法人骨格診断ファッションアナリスト認定協会検定委員会委員長、兼広報委員。イメージコンサルタント。新卒でカシオ計算機株式会社に入社し、女性初の設計エンジニアとして腕時計の設計に従事したのち、商品企画部に異動。「Baby-G」をはじめとする腕時計ブランドの企画担当に抜擢される。商品ブランディングに携わる中で、どんな人にも「ブランディング」が重要だと実感し、2012年に独立。著書に『がんばった分だけ認められる 女子の仕事術』（日本実業出版社、千葉のり子名義）がある。